RAINER M. SCHIESSLER

Die Schießler-Bibel

Kraft für alle Lebenslagen

MIX
Papier | Fördert
gute Waldnutzung
FSC® C083411

Penguin Random House Verlagsgruppe FSC® N001967

2. Auflage
Copyright © dieser Ausgabe 2023 by Penguin Verlag
in der Penguin Random House Verlagsgruppe GmbH,
Neumarkter Straße 28, 81673 München
produktsicherheit@penguinrandomhouse.de
(Vorstehende Angaben sind zugleich
Pflichtinformationen nach GPSR.)

Copyright © der Originalausgabe 2021 by Kösel-Verlag
in der Penguin Random House Verlagsgruppe GmbH
Covergestaltung: Büro Jorge Schmidt nach einem Entwurf von zero-media.net
Covermotiv: Susanne Krauss
Druck und Bindung: CPI books GmbH, Leck
Printed in the EU
ISBN 978-3-328-10988-4
www.penguin-verlag.de

Meinem Wegbegleiter im priesterlichen Dienst
und unvergesslichen Freund
Pfarrer Roland Breitenbach
(† 15. Juli 2020)

Inhalt

Vorwort

Wenn man im Laufe der Jahre viele Texte entwirft, dann sind diese meistens nur für einen Augenblick bestimmt, einen Vortrag, eine Zeitungskolumne, soziale Netzwerke oder als Gastbeitrag für einen ganz bestimmten Anlass. Es ist meistens ein einmaliges Geschehen, das auch nur einem ganz bestimmten Kreis zugänglich gemacht werden kann.

Immer wieder haben mich daher aufmerksame und dankbare Leserinnen und Leser darauf hingewiesen, dass ich diese Gedanken auch denen zukommen lassen müsste, die beispielsweise nicht in den verschiedenen Internetforen unterwegs sind. So wurde die Idee geboren und von außen an mich herangetragen, doch einfach einmal eine gewisse Auswahl dieser Texte mit einem biblischen Bezug noch einmal in einem Buch zusammenzustellen.

Es sollte ein Buch entstehen, das man immer wieder gerne in die Hand nimmt. Um darin einen Bibeltext zu lesen, den wir gewöhnlich irgendwann einmal im Laufe des Lesezeitraums eines Kirchenjahres hören können. Dabei geht es um keine bestimmte theologische Disziplin, die hier verfolgt werden soll, weder Exegese noch fundamentaltheologische Arbeiten. Das

Buch will nur ein kleiner Beitrag zum persönlichen Glauben, sozusagen zur privaten »Hirtensorge« für die Leser sein.

Dies ist nun geschehen, und ich darf zugeben, dass mich diese Arbeit innerlich sehr erfüllt hat. Im kirchlichen Wettersegen bitten wir Gott täglich um seinen Segen auch »für unserer Hände Arbeit«. Es bereicherte mich sehr, auf diesem Wege betrachten zu können, wie schöpferisch unser menschliches Tun doch sein kann.

In der Hoffnung, dass alle Leserinnen und Leser nun darin wirklich Nachdenkliches und Bestärkendes, Neues und geschätztes Altes, Überlegenswertes und – unter Umständen – auch aufregend Provozierendes entdecken, wünsche ich allen ein gewinnbringendes und hoffentlich auch begeisterndes Lesen dieser Bibel.

München, am 1. Advent 2020

Rainer Maria Schießler, Pfarrer

Schon wieder Advent! Wie die Zeit vergeht!

Seid also wachsam! Denn ihr wisst nicht, an welchem Tag euer Herr kommt. Bedenkt: Wenn der Herr des Hauses wüsste, zu welcher Stunde in der Nacht der Dieb kommt, würde er wach bleiben und nicht zulassen, dass man in sein Haus einbricht. Darum haltet auch ihr euch bereit! Denn der Menschensohn kommt zu einer Stunde, in der ihr es nicht erwartet.

(Mt 24,42–44)

Und schon beginnt ein neues Jahr, also Kirchenjahr!

»Chronos« (griechisch für Zeit) war jener Göttervater, der seine eigenen Kinder aus lauter Angst, sie könnten ihm die Zeit stehlen und ihn vom Thron stürzen, auffraß. Viele empfinden sich gerade in den Tagen vor Weihnachten von der Zeit gejagt, gehetzt, buchstäblich in Gefahr, aufgefressen zu werden. Dagegen steht der »Kairos«, das andere griechische Wort für Zeit. Er beschreibt die Stunden und unsere Tage als gut und wohltuend: Man lässt sich nicht total von der Zeit bestimmen, man nimmt sich die Zeit, kommt zusammen, feiert vielleicht Gottesdienst, kommt ins Gespräch miteinander.

Wir kennen den Unterschied ganz genau: In Angst und Gefahr hängt uns die Zeit wie Blei an den Füßen. In freundschaftlicher Atmosphäre aber nehmen wir sie wie ein schönes Geschenk an. Wo »Chronos« herrscht, da sind Mangel, Gewalt, Hetze und Angst. Wenn wir dagegen unsere Zeit aus den Händen Gottes empfangen, entstehen heilige Zeiten wie der Advent.

Jesus ermuntert uns immer wieder, die gute, wohltuende Zeit zu wählen. Es gilt, unsere Zeit zu leben, auszukosten, denn »die Zeit ist erfüllt. Das Reich Gottes ist nahe. Kehrt um und glaubt an das Evangelium« (Mk 1,15).

Es macht überhaupt keinen Sinn, über die Hektik der vorweihnachtlichen Zeit zu jammern. Es macht auch keinen Sinn, dagegen Aktionen in Gang zu setzen, die wiederum neue Hektik erzeugen. Es genügt, für sich selbst einen Schritt aus dem Chronometer der Gesellschaft heraus zu tun. Schon fließt der hektische Strom an uns vorbei, und Gelassenheit breitet sich aus. Und vielleicht lässt sich der eine oder andere davon anstecken.

Heil und Heilung

In jener Zeit, als Jesus mit seinen Jüngern und einer großen Menschenmenge Jericho verließ, saß an der Straße ein blinder Bettler, Bartimäus, der Sohn des Timäus. Sobald er hörte, dass es Jesus von Nazareth war, rief er laut: Sohn Davids, Jesus, hab Erbarmen mit mir! Viele wurden ärgerlich und befahlen ihm zu schweigen. Er aber schrie noch viel lauter: Sohn Davids, hab Erbarmen mit mir! Jesus blieb stehen und sagte: Ruft ihn her! Sie riefen den Blinden und sagten zu ihm: Hab nur Mut, steh auf, er ruft dich. Da warf er seinen Mantel weg, sprang auf und lief auf Jesus zu. Und Jesus fragte ihn: Was soll ich dir tun? Der Blinde antwortete: Rabbuni, ich möchte wieder sehen können. Da sagte Jesus zu ihm: Geh! Dein Glaube hat dir geholfen. Im gleichen Augenblick konnte er wieder sehen, und er folgte Jesus auf seinem Weg.

(Mk 10,46–52)

»Der Mensch ist unheilbar religiös«, formulierte einmal der russische Religionsphilosoph und frühere Marxist Nikolaj Berdjajew. Und wirklich: In unserer Welt gibt es mehr als je zuvor Menschen mit religiösen Überzeugungen, auch wenn sie heutzutage in den wenigsten Fällen den Lehren der großen Kirchen und Religionen folgen.

Zum Glück aber ist Religion keine Krankheit, von der man die Menschen heilen müsste. Außer sie entpuppt sich als fanatisches Machtinstrument. Je mehr Vertrauen aber aus Religiosität entsteht, desto stärker ist auch die Bereitschaft, im Blick auf eine transzendente Wirklichkeit, also auf Gott, das Leben zuzulassen und sich zu fügen. Glaube und Vertrauen führen zu einer Lebenseinstellung des Zulassens und des Loslassen-Könnens. Menschen erfahren sehr häufig, dass ein Genesungsweg gerade dann einsetzen kann, wenn man sich auf eine lebendige Beziehung zu Gott einlässt. Fernab von kirchlichen Bedingungen und Zielsetzungen kennt das Evangelium diese Erfahrung als »Heilung«.

Der »Heiland« ist wohl einer der schönsten Titel, den die Urchristen Jesus von Nazareth gaben. Viele Heilungsgeschichten in den Evangelien ermutigen uns, das Leben neu zu sehen. Es geht in erster Linie nicht um die Behebung einer äußeren Störung, sondern dass ein Mensch ganz am Rand wieder in die Mitte rückt, dass er sein Licht nicht länger unter den Scheffel stellt und er aus seinem tiefen Loch herausklettern will. Dort ist ein neuer Weg, und immer wieder heißt es dann vom Geheilten: »Er folgte Jesus auf seinem Weg.«

Heilung ist bei Jesus also Neuorientierung. Das ist keine leichte Therapie, auch nicht für eine Kirche, die sich mit dem »synodalen Weg« auf eine solche Neuorientierung einlassen möchte und auch einmal zu der einen oder anderen Tradition gelassen sagen können muss: Es ist genug!

Die junge indische Ärztin Mary Verghese wurde kurz nach ihrem Examen bei einem Busunfall so schwer verletzt, dass sie querschnittsgelähmt blieb. Nach langem Kampf schrieb sie ein Buch mit dem Titel »Um Füße bat ich, und er gab mir Flügel«. Denn nach der leidvollen und schweren Behinderung konnte sie sich besser in die operierten, verstümmelten Lepra-Patienten hineinversetzen und entwickelte für sie vorteilhaftere Operationsmethoden. Für viele Menschen am Rand der Verzweiflung wurde sie so zum »Heiland«.

Veränderung erleben!

In jener Zeit hörte Johannes im Gefängnis von den Taten Christi. Da schickte er seine Jünger zu ihm und ließ ihn fragen: Bist du der, der kommen soll, oder müssen wir auf einen andern warten? Jesus antwortete ihnen: Geht und berichtet Johannes, was ihr hört und seht: Blinde sehen wieder, und Lahme gehen; Aussätzige werden rein, und Taube hören; Tote stehen auf, und den Armen wird das Evangelium verkündet. Selig ist, wer an mir keinen Anstoß nimmt.

(Mt 11,2–6)

»Blinde sehen, Lahme gehen, Aussätzige werden rein!« Da tut sich etwas, wird Johannes dem Täufer ausgerichtet. Er will wissen, ob Jesus wirklich der Heiland ist, auf den alle warten. Kirche hat daher bis heute den Auftrag, diese Antwort umzusetzen. Wenn also nicht wenige Menschen mit dem Slogan »Jesus – ja, Kirche – nein« hantieren, dann stimmt etwas am Wirken von Kirche oder an ihrer Darstellung nicht! »Die Art, wie Kirche sich gibt, ist Teil ihrer Botschaft«, meint der französische Erzbischof Albert Rouet.

Eine Kirche, die an alten Worten, verbrauchten Formen und unverständlichen Symbolen hängt, kann so für Jesus und sein Evangelium nicht überzeugend sein. Papst Franziskus benennt die krankhaften »-ismen« einer solchen Kirche unmissverständlich: Übertriebener Narzissmus, krankhafter Klerikalismus und aufgeblähter Zentralismus.

Kirche muss wieder glaubwürdiger, muss authentischer werden, indem sie die Verantwortung für ihr Tun – wie schon in der Urkirche – viel stärker in die Hände der Gläubigen selbst übergibt. Nicht über Berufungsmangel gilt es zu klagen, sondern die Begabungen aller Getauften mit einzubeziehen, die bereit sind, zum Wohl und Wehe der Glaubensgemeinschaft unverwechselbar zu sein. Das ist das Gebot der Stunde.

Das Neue, was Jesus von Nazareth gebracht hat, ist keine Organisation wie in den großen Religionen seiner Umwelt, einschließlich der jüdischen. Auch mit dem Tempel hatte er nicht viel am Hut; die freie Natur, der Berg, der See waren ihm lieber, um seine Botschaft an die Menschen zu richten. Seinen neuen Weg verstehen kann nur, wer sich als echte Gemeinschaft erfährt und nicht als verordnete Einförmig- und Eintönigkeit.

Kirche nein! – Das heißt nicht, dass Kirche grundsätzlich abgelehnt, sondern eine andere Kirche gesucht wird, in der man sich untereinander auf Augenhöhe begegnet, denkt und handelt. Erzbischof Rouet fordert daher zu Recht ein Dreifaches: Die Kirche müsse dreifaltig, kirchlich, menschlich sein. Das sei ihr Markenzeichen. Nur die wechselseitigen Beziehungen schaffen Leben und sorgen für Veränderung. Wo es diese Beziehungen auf Augenhöhe nicht gibt, ist Jesus Christus nicht drin.

Der Mensch als ein heiliger Ort

Paulus, Knecht Christi Jesu, berufen zum Apostel, auserwählt, das Evangelium Gottes zu verkündigen, das er durch seine Propheten im Voraus verheißen hat in den heiligen Schriften: das Evangelium von seinem Sohn, der dem Fleisch nach geboren ist als Nachkomme Davids, der dem Geist der Heiligkeit nach eingesetzt ist als Sohn Gottes in Macht seit der Auferstehung von den Toten, das Evangelium von Jesus Christus, unserem Herrn. Durch ihn haben wir Gnade und Apostelamt empfangen, um in seinem Namen alle Heiden zum Gehorsam des Glaubens zu führen; zu ihnen gehört auch ihr, die ihr von Jesus Christus berufen seid. An alle in Rom, die von Gott geliebt sind, die berufenen Heiligen: Gnade sei mit euch und Friede von Gott, unserem Vater, und dem Herrn Jesus Christus.

(Röm 1,1–7)

»Wo Weihnachten draufsteht, muss Jesus drin sein.« Sonst wäre das Fest für alle Mitfeiernden vielleicht gerade noch eine nostalgische Erinnerung, im Letzten aber irgendwie eine Mogelpackung. Da soll also in der Person und Gestalt eines Jesus aus Nazareth Gott menschliche Wirklichkeit geworden sein? Unglaublich!

Aber in den Erzählungen vom Unterwegssein, der Herbergssuche, der Geburt in einem Stall kommt sehr deutlich zum Ausdruck, was die Menschwerdung Gottes soll: Menschen, die am Rande der Gesellschaft stehen, auch die am Rande der Kirche, wird ein Reich Gottes, ein Land des Friedens und der Gerechtigkeit angekündigt. Es soll im Leben eines jeden Einzelnen Wirklichkeit werden, auch im Leben dessen, der vielleicht nur einmal im Jahr in den Gottesdienst kommt.

Ein solcher Gott, der unter uns Mensch wird, verändert sowohl das Menschen- wie das Gottesbild von Grund auf. Der Mensch bekommt eine besondere Würde, die er in vielen Teilen der Welt noch immer nicht hat. In keiner anderen religiösen Überzeugung wird diese Würde so deutlich gemacht. »Gottes Tempel ist heilig, und der seid ihr«, drückt der Apostel Paulus es aus.

Jeder Mensch ist also ein heiliger Ort, und das schärft unseren Blick auf unsere Mitmenschen. Besonders auf jene, die unter Vorurteilen verschiedenster Art zu leiden haben. Auch in ihnen wohnt Gott, vielleicht sogar bevorzugt. Wir sollten ihn nicht leichtfertig übersehen.

»Gott ist auf unseren Straßen anzutreffen, in den dunkelsten Kellern und einsamsten Kerkern des Lebens werden wir ihn treffen«, ermahnen uns die Worte des Jesuitenpaters Alfred Delp, der noch im Februar 1945 von den Nazis ermordet wurde. Aus dieser tiefen Überzeugung erwächst so seine eindringliche Aufforderung: »Lasst uns dem Leben trauen, weil diese Nacht das Licht bringen musste. Lasst uns dem Leben trauen, weil wir es nicht mehr allein zu leben haben, sondern Gott es mit uns lebt.«

Weihnachts-wunderland

In jenen Tagen erließ Kaiser Augustus den Befehl, alle Bewohner des Reiches in Steuerlisten einzutragen. Dies geschah zum ersten Mal; damals war Quirinius Statthalter von Syrien. Da ging jeder in seine Stadt, um sich eintragen zu lassen. So zog auch Josef von der Stadt Nazareth in Galiläa hinauf nach Judäa in die Stadt Davids, die Betlehem heißt; denn er war aus dem Haus und Geschlecht Davids. Er wollte sich eintragen lassen mit Maria, seiner Verlobten, die ein Kind erwartete. Als sie dort waren, kam für Maria die Zeit ihrer Niederkunft, und sie gebar ihren Sohn, den Erstgeborenen. Sie wickelte ihn in Windeln und legte ihn in eine Krippe, weil in der Herberge kein Platz für sie war.

(Lk 2,1–7)

Wer hat eigentlich festgesetzt, dass Weihnachten unbedingt still und beschaulich, am besten gleich im Zeitlupentempo gefeiert werden muss? Und wenn sich die Hektik davor nicht rechtzeitig abstellen lässt – spätestens am Hl. Abend –, ist dann Weihnachten erledigt?

Als wenn nicht schon das erste Weihnachten Turbulenz pur gewesen wäre: römische Militärkolonnen, eine Volkszählung zur Steuererfassung als reine Schikane der kleinen Leute, an jeder Ecke Partisanenkämpfe und terroristische Anschläge, überfüllte Hotels mit Wucherpreisen, absolut skrupellose Spekulanten und Ausbeuter. Diese Welt aber, in die Jesus da hineingeboren wird, ist kein Regiefehler Gottes. Sie ist so – bis heute.

Gott ist eben nicht Mensch geworden, um sentimentale Stimmungen unter uns zu unterfüttern, sondern weil er uns in unserer unerträglichen Not begegnen will! Gott will hinein in unsere Probleme und nicht daran vorbei! Er kommt, gerade weil Familien und ganze Völker vom Hass zerrissen werden. Da brauchen wir nicht plötzlich auf »heile Welt zu machen«. Und er kommt, um »gegen« diesen Hass und diese Schuld zu sterben. Ausgerechnet da, wo uns in unseren zahlreichen Zerrüttungen Heilung angeboten wird, wäre es daher grundfalsch, dies abzulehnen und so zu tun, als sei alles in Ordnung.

Nichts ist in Wahrheit in Ordnung. Wer hat in der Nacht die Sensationsmeldung von der Geburt des Erlösers als Erstes bekommen?

Schuld und Streit unter uns – auch an Weihnachten – sollen eben nicht ausgeklammert werden und dafür ein heiliges »Heitschibumbeitschi« konstruiert werden. Der Teufelskreis von Hass und Vergeltung, Lüge und Verniedlichung, Gewalt, Schuld und Resignation soll aufgesprengt werden und die gegenseitige Vergebung eine neue Chance bekommen.

Wir beklagen uns, dass diese Welt so viele und große Probleme hat. Aber genau deswegen ist doch Weihnachten passiert. Dieser Jesus sucht keine Welt eines ewigen »Süßer-die-Glocken-nie-klingen-Gesäusels«, sondern uns – mittendrin in dem ganzen Schlamassel von verlorenen Träumen und vergifteten Stimmungen, Hoffnungslosigkeiten und Niedertracht. Genau da hinein kommt er als das zerbrechlichste, liebenswerteste, schützenswerteste und überzeugendste Argument schlechthin: als kleines Kind. Um uns zu heilen und zu verwandeln!

Visionen einen Raum geben

Da geschah es, nach drei Tagen fanden sie ihn im Tempel; er saß mitten unter den Lehrern, hörte ihnen zu und stellte Fragen. Alle, die ihn hörten, waren erstaunt über sein Verständnis und über seine Antworten. Als seine Eltern ihn sahen, waren sie voll Staunen, und seine Mutter sagte zu ihm: Kind, warum hast du uns das angetan? Siehe, dein Vater und ich haben dich mit Schmerzen gesucht. Da sagte er zu ihnen: Warum habt ihr mich gesucht? Wusstet ihr nicht, dass ich in dem sein muss, was meinem Vater gehört?

(Lk 2,46–49)

»Warum habt ihr mich gesucht? Wusstet ihr nicht, dass ich in dem sein muss, was meinem Vater gehört?« – Die Eltern Jesu haben es sicher nicht verstanden, welche Tragweite diese Ansage ihres Sohnes Jesus besitzt und wie diese sich durch sein ganzes Leben ziehen wird. Kompromisslos wird er seinen eigenen Weg gehen, und selbst die komplett versammelte Verwandtschaft wird ihn nicht zurückholen nach Nazareth und ihn davon überzeugen können, seine Mission und seine Verkündigung eines neuen Gottesbildes zu stoppen.

Jetzt gleich die fromme widerspruchslose Zustimmung seiner Eltern dazu vorauszusetzen, wird der Dynamik und Dramatik des Lebens und Wirkens dieses Jesus von Nazareth einfach nicht gerecht. Wie alle Eltern mussten sicher auch Josef und Maria erst lernen, den Visionen – auch den religiösen – ihres Sohnes Raum zu lassen und ihn damit los- bzw. auch gehen zu lassen.

Dies aber geht im Leben nur, wenn es in Liebe geschieht. Erst dann erfahren wir das Wunder der Gelassenheit, mit der man dem Menschen eher gerecht wird als durch ständiges besseres Vorauswissen, Regulieren und Kontrollieren. Wer aus Liebe gelassen ist, wird achtsamer gegenüber allem, was sich ereignen kann. Man findet zu einer anderen Sprache und einem deutlich faireren Umgang miteinander, und zwar auf Augenhöhe.

Dann erst entsteht eine Heilige Familie, in der auch die Würde der Ausscherer eine Heimat besitzt. In einer solchen Atmosphäre kann Neues und Unerwartetes entstehen. Was wäre denn die Konsequenz gewesen, wenn sich Josef und Maria gegen ihren Sohn durchgesetzt hätten? Wohl nur ein weiterer entmutigter, lustloser junger Mann, der irgendwo in der Versenkung verschwindet. So aber geht Jesus seinen Weg weiter und bringt uns in einer neuen tiefen Weise Gott näher, den wir seitdem zuallererst in uns selbst suchen und finden dürfen.

Ein Segen sein

Silvester/Neujahr

Der HERR sprach zu Mose:
Sag zu Aaron und seinen Söhnen:
So sollt ihr die Israeliten segnen;
sprecht zu ihnen:
Der HERR segne dich und behüte dich.
Der HERR lasse sein Angesicht
über dich leuchten und sei dir gnädig.
Der HERR wende sein Angesicht dir zu
und schenke dir Frieden.
So sollen sie meinen Namen
auf die Israeliten legen, und
ich werde sie segnen.

(Num 6,22–27)

Wir gehen gewohnt routiniert in ein neues Jahr. Mit Vorsätzen, Erwartungen und vielleicht auch Sorgen. Was aus diesem Jahr werden wird, wissen wir nicht, auch wenn Politiker, Hellseher und Horoskopschreiber ihre Vorhersagen bereits gemacht haben. Keiner wird sie daran erinnern, wenn sie sich mit ihren Prophezeiungen wieder mal geirrt haben. Nicht alles, aber vieles in diesem Jahr liegt in unserer Hand.

Mit einem solchen Jahr ist es wie mit einem Menschen: In jedem stecken gleichzeitig ein kleines Kind und ein alt gewordener Mensch! Im praktischen Leben herrscht mal das eine, mal das andere vor. Die Jahre zwischen 20 und 50 aber sind besonders schwer. Da ist nicht viel Zeit zum Nachdenken. Ideal wäre es, wenn das Kind in uns und das Alter einander gute Freunde sein könnten. Das gilt für jeden Einzelnen von uns, aber auch für unser Zusammenleben. Das gilt für ein Jahr, für seinen Anfang und sein Ende. Das Kind steht für den Frühling, die Offenheit, die Erwartung, für die Bereitschaft, immer wieder Neues zu entdecken, und viel Ungeduld. Die Spannung ist groß, denn das Eigentliche kommt ja noch. So ist es auch mit einem neu beginnenden Jahr.

Der alte Mensch steht für die Erfahrung, die Reife und die Ernte. Er kann mit Gelassenheit und Heiterkeit auf die Vergangenheit zurückblicken und muss nicht alles so wichtig nehmen, weil er schon so viel erlebt und auch erlitten hat. Wir sollten den alten Menschen sehr ernst nehmen, damit wir mit gutem Gewissen auch die Ernte dieses neuen Jahres einmal einfahren dürfen.

Wenn in uns das Kind und der alte Mensch Freunde sind, wird es ein gutes Leben sein. Denn Hoffnung und Erfüllung binden sich immer gerne. Der Volksmund sagt: Ein junger Mann, der nicht weinen kann, ist ein wilder, und ein alter Mann, der nicht lachen kann, ein Narr. Ein neues Jahr lehrt uns beides: das Lachen und das Weinen. Beide bewahren uns davor, wie Wilde zu sein oder wie Narren; bewahren uns aber auch davor, die Monate eines Jahres und die Jahre unseres Lebens zu ernst zu nehmen.

Gott ist ein Gott der Anderen

Fest der Erscheinung des Herrn

Und der Stern, den sie hatten aufgehen sehen, zog vor ihnen her bis zu dem Ort, wo das Kind war; dort blieb er stehen. Als sie den Stern sahen, wurden sie von sehr großer Freude erfüllt. Sie gingen in das Haus und sahen das Kind und Maria, seine Mutter; da fielen sie nieder und huldigten ihm. Dann holten sie ihre Schätze hervor und brachten ihm Gold, Weihrauch und Myrrhe als Gaben dar. Weil ihnen aber im Traum geboten wurde, nicht zu Herodes zurückzukehren, zogen sie auf einem anderen Weg heim in ihr Land.

(Mt 2,9–12)

Die drei Weisen aus dem Morgenland läuten das Ende der Weihnachtszeit ein. Wir kennen sie nicht, auch wenn sie einer sehr späten Tradition nach Kaspar, Melchior und Balthasar genannt werden. Wir wissen nicht, woher sie kamen und wohin sie gegangen sind. Und es ist für einen gesunden Glauben nicht so entscheidend, ob die im Kölner Dom im Dreikönigsschrein verehrten Gebeine auch wirklich die der Weisen aus dem Morgenland sind.

Sie sind ein biblisches Bild für eine ganz neue Erfahrung und eine neue Lehre: Dieser Gott ist eben nicht nur der Gott einer Sippe oder eines Volkes. Er ist immer auch der Gott der Anderen. Wenn Christen von ihrem Glauben sprechen, dann sprechen sie gerne vom »Glauben der Väter«. Glauben ist dann eigentlich ganz leicht und folgt unkritisch dem Motto Goethes: »Was du ererbt von deinen Vätern, erwirb es, um es zu besitzen.«

Doch in unserer Zeit bekommen wir es sehr deutlich zu spüren: Wir haben auf Gott kein Monopol, und er ist und bleibt ein radikales Geheimnis. Ihn als einen Besitz des Glaubens zu verstehen, wäre lächerlich und blasphemisch zugleich.

Die weisen Männer kamen daher von irgendwoher und verschwanden irgendwohin. Sie sind wie die Anderen, die Zweifelnden, die Suchenden, die Andersgläubigen und Ungläubigen unter uns. Aber sie haben eine andere Sicht von Gott bekommen. Zum Beispiel, dass er sich ganz klein macht wie ein Kind, um den Menschen auf Augenhöhe zu begegnen.

Wie viel besser könnten doch die verschiedenen Religionen unserer Welt miteinander auskommen und sich gegenseitig stützen, wenn sie akzeptieren wollten, dass »ihr« Gott immer auch der Gott der Anderen ist.

Miterben Christi

Ihr habt doch gehört, welches Amt die Gnade Gottes mir für euch verliehen hat. Durch eine Offenbarung wurde mir das Geheimnis kundgetan. Den Menschen früherer Generationen wurde es nicht kundgetan, jetzt aber ist es seinen heiligen Aposteln und Propheten durch den Geist offenbart worden: dass nämlich die Heiden Miterben sind, zu demselben Leib gehören und mit teilhaben an der Verheißung in Christus Jesus durch das Evangelium.

(Eph 3,2–3a.5–6)

Jeder Mensch braucht seine Intimsphäre. Wird sie ihm genommen, zerbricht seine Persönlichkeit.

Der Glaube gehört in die Intimsphäre eines Menschen. Man mag beim Menschen auf vieles zugreifen können, nicht aber auf seinen Glauben. Weder kann er ihm genommen, noch kann er zu einem bestimmten Glauben gezwungen werden. Darum ist es immer so unangenehm, wenn sogenannte Gläubige ihre Überzeugung ständig aufdringlich vor sich hertragen und gleich wieder als allgemeingültige Glaubenswahrheit einfordern. Zum Glauben wirst Du nur eingeladen, das aber genügt.

Auch die Liebe gehört zu unseren Geheimnissen: »Meine Art, Liebe zu zeigen, das ist ganz einfach Schweigen. Worte zerstören, wo sie nicht hingehören«, hat Daliah Lavi gesungen.

Der Glaube ist für Propaganda jeder Art zu schade. »Warte, bis man dich fragt, warum du glaubst«, das ist der bessere Weg, auch wenn er viel Geduld erfordert. Wirkliche Geheimnisse aber bleiben Geheimnisse.

Das Grundgeheimnis des Christentums aber ist, wie Gott in menschlicher Gestalt der Welt erscheinen konnte. Da gibt's nichts zu verstehen oder zu erklären. Hier sind nicht Intelligenz oder Verstand gefordert. Wir können allein nur das Geheimnis zulassen. »Suchst du Gott, dann suche ihn im Geheimnis!«

Offener Himmel

Fest der Taufe des Herrn I

In jener Zeit kam Jesus von Galiläa an den Jordan zu Johannes, um sich von ihm taufen zu lassen. Johannes aber wollte es nicht zulassen und sagte zu ihm: Ich müsste von dir getauft werden, und du kommst zu mir? Jesus antwortete ihm: Lass es nur zu! Denn nur so können wir die Gerechtigkeit, die Gott fordert, ganz erfüllen. Da gab Johannes nach. Kaum war Jesus getauft und aus dem Wasser gestiegen, da öffnete sich der Himmel, und er sah den Geist Gottes wie eine Taube auf sich herabkommen. Und eine Stimme aus dem Himmel sprach: Das ist mein geliebter Sohn, an dem ich Gefallen gefunden habe.

(Mt 3,13–17)

»… da öffnete sich der Himmel«, heißt es über die Taufe Jesu im Jordan. Mit dieser Szenerie endet die Weihnachtszeit, und es stellt sich die Frage: Wie war das jetzt an Weihnachten? Haben wir IHN diesmal gefunden oder war er wieder versteckt zwischen Geschenkpapier, Weihnachtsfeiern, Einladungen, Spendenaufrufen und TV-Weihnachtsprogramm? War der Himmel offen für uns?

Den meisten Zwängen in unserer Gesellschaft kann man nicht ausweichen; auf der religiösen Ebene aber brauchen wir diese Möglichkeit unbedingt. Der Himmel muss offen sein, d. h. eine neue Freiheit muss spürbar werden, eine Freiheit in Verbindlichkeit. Verbindlichkeit meint die Bereitschaft zum Dienst an der Welt und den Menschen. In der Freiheit aber liegt die Möglichkeit der Wahl: Man entscheidet sich z. B. in aller Freiheit für eine Kirche, die mir den Himmel offenhält, weil sie das Evangelium Jesu nicht nur verkündigt, sondern glaubwürdig lebt. Daher kann sie die Erde und den Menschen gar nicht aus dem Auge verlieren.

Das zeigt auch die Taufe Jesu. Jesus zeigt sich solidarisch mit den vielen Menschen, die beladen und belastet in die Wüste gezogen sind, weil sie eben keinen offenen Himmel über sich sehen konnten. Er stellt sich im Jordan in die Reihe der Sünder, um ihnen zu zeigen: Auch über euch geht der Himmel auf, den religiöse Vorschriften gerne für ein bestimmtes Klientel allein reserviert haben möchten.

Wenn ein Zug ständig mit geschlossenen Fenstern fährt, weil die Überzeugung noch immer vorherrscht, man müsse die Türen und Fenster vor der ach so bösen Welt verschließen, kann man auf der Reise den Himmel nicht sehen. So steht die Kirche vor großen Herausforderungen in ihrer Nach-Weihnachtszeit. Die Fenster gilt es konsequent aufzumachen, durchzulüften, keine Angst vor Veränderungen und Umwälzungen zu haben und die große Einladung anzunehmen, mit allen, die da kommen, um gemeinsam in den offenen Himmel zu schauen.

Liebe im 7. Himmel

Fest der Taufe des Herrn II

Das Volk war voll Erwartung und alle überlegten im Herzen, ob Johannes nicht vielleicht selbst der Christus sei. Doch Johannes gab ihnen allen zur Antwort: Ich taufe euch mit Wasser. Es kommt aber einer, der stärker ist als ich, und ich bin es nicht wert, ihm die Riemen der Sandalen zu lösen. Er wird euch mit dem Heiligen Geist und mit Feuer taufen.

(Lk 3,15–16)

Jesus von Nazareth war ein Mystiker im wahrsten Sinne des Wortes. Er hörte bei seiner Taufe – so die Evangelien – Gottes Stimme: »Du bist mein geliebter Sohn. An dir habe ich Gefallen gefunden!«

Mystiker haben es im geschlossenen System ihrer Religion immer schwer, werden nicht ernst genommen, verspottet, verfolgt und am Ende gerne auch grausam entsorgt. Doch ihre Stimmen und Visionen leben weiter. Jahrhunderte später werden sie dann vielleicht genau von derselben Kirche heiliggesprochen!

Warum mag man in der Kirche keine Mystiker?: Weil sie sich mit ihrer persönlichen geistlichen Erfahrung der Kontrolle der Glaubenswächter entziehen. Der Mystiker ist durch und durch ein freier Mensch. Der Apostel hat dazu mit seinen Worten den Grundstein gelegt: »Wo der Geist des Herrn wirkt, da ist Freiheit« (2 Kor 3,17).

Auch ein Jesus von Nazareth passte nicht ins System der Schriftgelehrten und Priester. Sie wollten Zeichen und Beweise und nicht anerkennen, dass die Worte, Taten, ja sein ganzes Leben bereits Beweis genug sind, von Gott in diese Welt gesandt zu sein.

Geht uns nichts an? Joseph Ratzinger schreibt 2003 in »Glaube, Wahrheit, Toleranz«, dass sich die Mystik untergeordnet verstehen muss. Glaubensgehorsam steht an erster Stelle.

Dennoch bleibt es so: Mystik kennt keine Grenzen, bringt immer wieder viele Blüten hervor, lässt sich nicht aufhalten. Der muslimische Mystiker Rumi, der Gründer des Derwischordens, drückt es so aus: »Wer Gott liebt, hat keine Religion außer Gott.« Und: »Bevor der Verstand sich entschließt, einen Schritt zu tun, hat die Liebe bereits den siebten Himmel erreicht!«

Kirche sammeln

Es gibt verschiedene Gnadengaben, aber nur den einen Geist. Es gibt verschiedene Dienste, aber nur den einen Herrn. Es gibt verschiedene Kräfte, die wirken, aber nur den einen Gott: Er bewirkt alles in allen. Jedem aber wird die Offenbarung des Geistes geschenkt, damit sie anderen nützt. Dem einen wird vom Geist die Gabe geschenkt, Weisheit mitzuteilen, dem anderen durch denselben Geist die Gabe, Erkenntnis zu vermitteln, einem anderen in demselben Geist Glaubenskraft, einem anderen – immer in dem einen Geist – die Gabe, Krankheiten zu heilen, einem anderen Kräfte, Machttaten zu wirken, einem anderen prophetisches Reden, einem anderen die Fähigkeit, die Geister zu unterscheiden, wieder einem anderen verschiedene Arten von Zungenrede, einem anderen schließlich die Gabe, sie zu übersetzen. Das alles bewirkt ein und derselbe Geist; einem jeden teilt er seine besondere Gabe zu, wie er will.

(1 Kor 12,4–11)

Jesus sammelt Frauen und Männer um sich und beginnt, die Frohe Botschaft vom Reich Gottes zu verkünden. Dabei denkt er konsequent »von unten«. Er denkt vom Blinden her, der noch nie das Licht gesehen hat und den man an die Hand nehmen muss. Und von den sozial Ausgegrenzten her, die ihre Würde wieder zurückbekommen sollen.

Genau zu dieser Sichtweise muss eine Kirche von heute wieder dringendst zurückfinden. Der Theologe Fulbert Steffensky drückt es so aus: »Die Kirche hat Ideen, wie man sie hat und wie sie in der Luft liegen. Sie hat Strukturen, wie man sie hat und wie sie gebräuchlich sind. Sie hat Gehaltsdifferenzen, wie man sie bei anderen Institutionen auch findet. Sie reagiert, wie eine große Institution anderer Art und anderer Interessen reagiert. Sie geht mit den Konflikten um wie die anderen – und verwischt mehr und mehr die Spuren Jesu und seines Evangeliums bis hin zur Unkenntlichkeit.«

Die Frage, die sich uns stellt, wie wir für diese Kirche auch eine Zukunft ermöglichen wollen, erscheint dann doch sehr dramatisch: Wer kann schon, ja wer will solch undeutlichen Spuren denn noch folgen?

Eure Heiligkeit!

Paulus, durch Gottes Willen berufener Apostel Christi Jesu, und der Bruder Sosthenes an die Kirche Gottes, die in Korinth ist – die Geheiligten in Christus Jesus, die berufenen Heiligen –, mit allen, die den Namen unseres Herrn Jesus Christus überall anrufen, bei ihnen und bei uns. Gnade sei mit euch und Friede von Gott, unserem Vater, und dem Herrn Jesus Christus!

(1 Kor 1,1–3)

An alle »Geheiligten in Christus« überschreibt der Apostel Paulus seinen Brief an die Gemeinde in Korinth und er meint nicht irgendwelche vatikanischen Heiligsprechungsverfahren, wie sie im Mittelalter aufkamen und wir sie bis heute kennen. Der Ruf »Subito santo, sofort heilig«, wie man ihn beim Tod von Papst Joh. Paul II auf dem Petersplatz in Rom hörte, gilt demnach uns allen! Aber er meint eben keinen Ehrentitel und redet auch nicht von möglichen Heiligenscheinen.

Es geht immer um die Herausforderung für ganz diesseitige Aufgaben. Wir werden einerseits ganz in die Nähe Gottes gerückt und müssen uns dennoch nicht davor fürchten. Diese Form der Heiligkeit meint die Gleichheit von Gott und Mensch, also die Gegenwart Gottes in uns. Heilig im Sinne von Paulus ist nicht, wer die Ergebnisse seiner religiösen Anstrengungen, erbrachter Leistungen oder Opfer aufzählen kann. Heilig ist die Würde, die alle Menschen von Gott bekommen haben. Sie soll uns zu echten, liebevollen und achtsamen Beziehungen ausstatten.

Es gibt nichts Schöneres, als diese Liebe einfach weiterzuschenken. Daher hat Jesus die Heiligkeit der Ärmsten vor Gott groß gemacht, hat nie geschwiegen, wenn ihre Würde angetastet oder religiöse Gesetze und Gebote über sie gestellt wurden. Es ist dieselbe Heiligkeit, die uns herausfordert, uns für eine Kirche stark zu machen, die eben keine unerträglichen und überholten Lasten den Menschen auflegt, sondern einfach nur hilft zu leben.

Das Himmelreich ist nahe!

Als Jesus hörte, dass man Johannes ins Gefängnis geworfen hatte, zog er sich nach Galiläa zurück. Er verließ Nazareth, um in Kafarnaum zu wohnen, das am See liegt, im Gebiet von Sebulon und Naftali. Denn es sollte sich erfüllen, was durch den Propheten Jesaja gesagt worden ist: Das Land Sebulon und das Land Naftali, die Straße am Meer, das Gebiet jenseits des Jordan, das heidnische Galiläa: das Volk, das im Dunkel lebte, hat ein helles Licht gesehen; denen, die im Schattenreich des Todes wohnten, ist ein Licht erschienen. Von da an begann Jesus zu verkünden: Kehrt um! Denn das Himmelreich ist nahe.

(Mt 4,12–17)

»Gott wohnt im Himmel« heißt es, obwohl in der Bibel steht, dass er unter uns zeltet. Wo also ist Gott zu Hause? Und: Wo sind wir zu Hause?

Die Predigt Jesu gibt eine Antwort darauf. Er ruft uns auf, unser Leben in den Fluss Gottes, also in seine Gegenwart zu stellen. Dann entsteht so etwas wie der Himmel in uns: Im Geben wie im Empfangen, im Teilen wie im Mitteilen. Eine Haltung also, die das Leben und die Liebe Gottes nicht festhält, sondern durch uns hindurchfließen lässt.

Wenn das Himmelreich nahe sein soll, reicht es nicht aus, im privaten oder beruflichen Leben ein guter Mensch zu sein. Dann könnte neben uns auch ein Stück Hölle entstehen, und wir bemerkten es nicht einmal.

Jeder Himmel entsteht durch Zuwendung. Dazu braucht es Verständnis, Gelassenheit und Geduld. Es braucht Umkehr im wahren Sinn des Wortes, denn diese Werte sind unter uns rar geworden. Der Zuwendung geht es in erster Linie nicht um Gewinnen oder Verlieren. Abgrenzung, Ausgrenzung und Ausschließen öffnen die Türen der Gewalt, also der Hölle.

Der Himmel kann nicht gewalttätiger daherkommen als die Hölle, nur weil es um einen guten Zweck, gar um Gerechtigkeit oder Frieden geht. Der Himmel Gottes überwältigt nicht. Deswegen finden wir den Himmel eher dort, wo einer am Bett eines Menschen sitzt, der durch seine Krankheit völlig hilflos geworden ist, als bei einer Weltfriedenskonferenz.

Dem Jesus sein Gott

So kam er auch nach Nazareth, wo er auf-
gewachsen war, und ging, wie gewohnt, am
Sabbat in die Synagoge. Als er aufstand, um vor-
zulesen, reichte man ihm die Buchrolle des Propheten Jesaja. Er öffnete sie und fand die Stelle,
wo geschrieben steht: Der Geist des Herrn ruht
auf mir; denn er hat mich gesalbt. Er hat mich
gesandt, damit ich den Armen eine frohe Botschaft bringe; damit ich den Gefangenen die Ent-
lassung verkünde und den Blinden das Augenlicht;
damit ich die Zerschlagenen in Freiheit setze und
ein Gnadenjahr des Herrn ausrufe. Dann schloss
er die Buchrolle, gab sie dem Synagogendiener
und setzte sich. Die Augen aller in der Synagoge
waren auf ihn gerichtet. Da begann er, ihnen darzulegen: Heute hat sich das Schriftwort, das ihr
eben gehört habt, erfüllt.

(Lk 4,16–21)

»Die drei monotheistischen Religionen (Judentum, Christentum, Islam) erkennen alle Gott als Schöpfer und Vater aller Menschen an. Bei diesem Gott kann man sich nicht beliebt machen, indem man seine Geschwister schlechtmacht und schlecht behandelt!«, sagt Othmar Keel, ehemals Professor für Altes Testament an der Universität Freiburg/Schweiz.

Jesus, der mit starkem Selbstbewusstsein im Gebetshaus seiner Heimatgemeinde auftritt, hat uns das älteste Glaubensbekenntnis geschenkt. Es eint die Christen auf der ganzen Welt in geradezu einzigartiger Weise: Das Vaterunser. Wenn Jesus sagt: »So sollt ihr beten!«, steht dahinter seine ganze Autorität.

Im aufeinander Zugehen und im Miteinander der Religionen müssen wir daher auf dieses älteste Glaubensbekenntnis zurückkommen, zumal es aus dem Mund Jesu kommt. Alle Bekenntnisse später enthalten bereits komplizierte und oft paradoxe Formulierungen nicht irrtumsfreier Menschen.

Glaubenssätze dürfen uns daher nicht wie ein zu eng gewordener Panzer einschnüren. So behindern sie nur die Freiheit der Gedanken und des Glaubens. Jesu Frohbotschaft war ein Protest gegen erstarrte religiöse Vorstellungen, die das Leben unsinnig schwerer machten und eine persönliche Gottesbeziehung fast unmöglich.

Das Vaterunser als das ursprüngliche Bekenntnis unseres Glaubens aber führt uns zu einem solidarischen Gemeinde- und Gemeinschaftsleben, das vertrauensvoll auf Gottes Nähe ausgerichtet ist. An einen solchen Gott glaubte Jesus von Nazareth und er bezeugte ihn mit seinem ganzen Leben.

Gott ist in mir

Mariä Lichtmess

In Jerusalem lebte damals ein Mann namens Simeon. Er war gerecht und fromm und wartete auf die Rettung Israels, und der Heilige Geist ruhte auf ihm. Vom Heiligen Geist war ihm offenbart worden, er werde den Tod nicht schauen, ehe er den Messias des Herrn gesehen habe. Jetzt wurde er vom Geist in den Tempel geführt; und als die Eltern Jesus hereinbrachten, um zu erfüllen, was nach dem Gesetz üblich war, nahm Simeon das Kind in seine Arme und pries Gott mit den Worten: Nun lässt du, Herr, deinen Knecht, wie du gesagt hast, in Frieden scheiden. Denn meine Augen haben das Heil gesehen, das du vor allen Völkern bereitet hast, ein Licht, das die Heiden erleuchtet, und Herrlichkeit für dein Volk Israel. Sein Vater und seine Mutter staunten über die Worte, die über Jesus gesagt wurden.

(Lk 2,25–33)

Über die Kindheit und Jugendzeit Jesu gibt es nur diesen einzigen Satz im Evangelium: »Er wuchs heran und wurde kräftig, Gott erfüllte ihn mit Weisheit und sein Segen ruhte auf ihm.« Als Zwölfjähriger im Tempel in der Auseinandersetzung mit den Schriftgelehrten steht er dann bereits an der Schwelle zum Erwachsenen.

Noch sieht man Jesus aber lieber in Windeln, als handsames Kind, das zu nichts anderem herausfordert als zu einer sentimentalen Frömmigkeit. »Manche möchten Gott lieben, wie man eine Kuh liebt«, meinte dazu Meister Eckhart schon vor 800 Jahren! Gott wird ganz klein gemacht, zum täglichen Gebrauch, »wie eine bequeme Formel auf dem Bücherbrett des Lebens, stets zur Hand und selten gebraucht« (Dag Hammarskjöld).

Wenn es aber schon »Darstellung des Herrn« (Mariä Lichtmess) heißt, dann gilt es, sich darüber Gedanken zu machen, wie wir Jesus mit unseren Augen sehen. Auch hier ist die Gefahr groß, dass wir uns an ihn gewöhnt haben wie an Wasser und an Brot und sein Un- und Außergewöhnliches, sein Anstößiges und Anstoßendes darüber vergessen. Mit dem »lieben Heiland« ist es nicht getan.

Selbst wenn wir nach wie vor die gewichtigen Feste im Kirchenjahr feiern: Längst sind Weihnachten und Ostern zusammengefallen. Längst hat der Pfingstgeist alle Tage des Jahres miteinander verbunden. Denn es geht immer um Aufbruch und Vollendung. Das Schöne am Kirchenjahr ist: Wir können das Heilige Spiel täglich beginnen. Ein Spiel, das uns jeden Tag sagt: Gott ist in mir und ich bin in Gott.

In diesem kurzen Satz ist der christliche Optimismus verborgen, der uns Prüfungen und Widerwärtigkeiten des Lebens überwinden hilft. Das Grundvertrauen also, das Jesus schon als Kind auf seinen Weg mitbekam: »Gott erfüllte ihn mit Weisheit und sein Segen ruhte auf ihm.«

Dieses Wort gilt zum Glück uns allen und fordert uns heraus. Der Trappistenmönch, Mystiker und Widerstandskämpfer gegen den Vietnamkrieg Thomas Merton drückt es so aus: »Wenn du mich kennen willst, frag nicht, wo ich lebe; oder was ich gern esse; oder wie ich mein Haar kämme; sondern frag mich, wofür ich lebe, genau im Einzelnen, und frag mich, was nach meiner Meinung mich davon abhält, völlig die Sache zu leben, für die ich leben will.«

Ein Anderer
sein können

Da begann er, ihnen darzulegen: Heute hat sich das Schriftwort, das ihr eben gehört habt, erfüllt. Alle stimmten ihm zu; sie staunten über die Worte der Gnade, die aus seinem Mund hervorgingen, und sagten: Ist das nicht Josefs Sohn? Da entgegnete er ihnen: Sicher werdet ihr mir das Sprichwort vorhalten: Arzt, heile dich selbst! Wenn du in Kafarnaum so große Dinge getan hast, wie wir gehört haben, dann tu sie auch hier in deiner Heimat! Und er setzte hinzu: Amen, ich sage euch: Kein Prophet wird in seiner Heimat anerkannt. Wahrhaftig, das sage ich euch: In Israel gab es viele Witwen in den Tagen des Elija, als der Himmel für drei Jahre und sechs Monate verschlossen war und eine große Hungersnot über das ganze Land kam. Aber zu keiner von ihnen wurde Elija gesandt, nur zu einer Witwe in Sarepta bei Sidon. Und viele Aussätzige gab es in Israel zur Zeit des Propheten Elischa. Aber keiner von ihnen wurde geheilt, nur der Syrer Naaman. Als die Leute in der Synagoge das hörten, gerieten sie alle in Wut. Sie sprangen auf und trieben Jesus zur Stadt hinaus; sie brachten ihn an den Abhang des Berges, auf dem ihre Stadt erbaut war, und wollten ihn hinabstürzen. Er aber schritt mitten durch sie hindurch und ging weg.

(Lk 4,21–30)

Peter Bichsel, freier Schriftsteller bei Solothurn, machte einmal diese Feststellung: »Was ich dieser Kirche, wenn ich sie nicht mag, von Herzen gönne, ist, dass sie ihren Gründer nie loskriegen wird. Sie kann so konservativ werden, wie sie will, sie wird ihn mitschleppen müssen. Und immer wieder werden sich Weltverbesserer und Revolutionäre und Unterdrückte und Leidende auf ihn beziehen ... Da kann ein Prediger so konservativ sein, wie er will. Seine Mühe ist vergebliche Mühe. Christus ist so oder so das Andere.«

Wie sehr Jesus ein Anderer ist, haben seine Landsleute in Nazareth sehr schnell erfahren. Von einem Moment auf den anderen schlägt die Stimmung um. Zunächst ist noch vom Beifall aller in der Synagoge die Rede. Dann wird sofort festgestellt, dass die Zuhörer in Wut gerieten und Jesus aus ihrer Stadt hinaustrieben.

Die Einheimischen praktizierten das, was schon immer Methode war, unliebsame Mitmenschen, Außenseiter und Andersartige hinauszuwerfen. Schließlich wollte man nicht sein wie die! Und das wollte man durchaus auch handgreiflich zeigen, hätte sogar seinen Tod riskiert?

Dorothee Sölle hat dazu ein wichtiges Wort geprägt: »Christsein bedeutet das Recht, ein Anderer zu sein.« Vielleicht war es genau diese Feststellung, dass er ein Anderer war, und dass alle, die ihm nachfolgten, anders sein wollten und durften. Das macht diesen Jesus bis heute so gefährlich.

Die Kirche wird Jesus nicht loskriegen. Und wenn, dann gäbe es sie, die Kirche, nicht mehr. Also muss sie mit diesem Jesus, mit seinem Wort und seinem Anspruch leben. Weil die Kirche Jesus nicht loskriegt, wird sie auch nicht unterzukriegen sein.

Das Recht, ein Anderer zu sein, beinhaltet aber auch die Pflicht, ein Anderer zu werden. Dazu sagt das Evangelium: Heute hat es sich erfüllt.

Bitten
können

Als er seine Rede beendet hatte, sagte er zu Simon: Fahr hinaus, wo es tief ist, und werft eure Netze zum Fang aus! Simon antwortete ihm: Meister, wir haben die ganze Nacht gearbeitet und nichts gefangen. Doch auf dein Wort hin werde ich die Netze auswerfen. Das taten sie und sie fingen eine große Menge Fische; ihre Netze aber drohten zu reißen. Und sie gaben ihren Gefährten im anderen Boot ein Zeichen, sie sollten kommen und ihnen helfen. Sie kamen und füllten beide Boote, so dass sie fast versanken. Als Simon Petrus das sah, fiel er Jesus zu Füßen und sagte: Geh weg von mir; denn ich bin ein sündiger Mensch, Herr! Denn Schrecken hatte ihn und alle seine Begleiter ergriffen über den Fang der Fische, den sie gemacht hatten; ebenso auch Jakobus und Johannes, die Söhne des Zebedäus, die mit Simon zusammenarbeiteten. Da sagte Jesus zu Simon: Fürchte dich nicht! Von jetzt an wirst du Menschen fangen. Und sie zogen die Boote an Land, verließen alles und folgten ihm nach.

(Lk 5,4–11)

Was für eine Welt! Da bitten die Jünger Jesus um Hilfe, weil sie die ganze Nacht nichts gefangen haben. Dann fangen sie so viel, dass sie es nicht fassen können, und fallen in großen Schrecken. Was jetzt? Ein Wunsch geht in Erfüllung, und es bleiben nur Staunen und Schrecken. Wenn das so automatisch geht, dann kann Bitten sehr gefährlich sein: Wie viele Leute würden dann schon auf dem berühmten Mond sitzen, wohin wir sie gerne schicken möchten?

Wie oft also bitten wir in unserem Alltag, ohne wirklich daran zu glauben, dass es jemals in Erfüllung geht? Wie viele unserer Fürbitten im Gottesdienst sind so hohl und leer, weil wir darum bitten, weil es sich so gehört; aber dass es eintritt, glaubt eh niemand. Gibt es wirklich keine Unfälle oder Katastrophen, Kriege oder Krankheit mehr, wenn wir darum bitten? Die Wirklichkeit zeigt täglich das Gegenteil!

Vielleicht gehen wir einfach etwas kritischer mit unserem Beten um: Beten und bitten wir besonnener, ehrlicher und vertrauensvoller, damit wir uns auch wirklich mal freuen können und nicht erschrecken müssen. Bitten wir um das Wichtigste, was jeder Mensch in der Not wirklich braucht: um die Nähe eines anderen ihn liebenden Menschen.

Manchmal werden unsere Gebete so schneller erhört, als man glaubt, und vermutlich häufiger, als man denkt.

Arm bleiben

Jesus richtete seine Augen auf seine Jünger und sagte: Selig, ihr Armen, denn euch gehört das Reich Gottes. Selig, die ihr jetzt hungert, denn ihr werdet gesättigt werden. Selig, die ihr jetzt weint, denn ihr werdet lachen. Selig seid ihr, wenn euch die Menschen hassen und wenn sie euch ausstoßen und schmähen und euren Namen in Verruf bringen um des Menschensohnes willen. Freut euch und jauchzt an jenem Tag; denn siehe, euer Lohn im Himmel wird groß sein. Denn ebenso haben es ihre Väter mit den Propheten gemacht. Doch weh euch, ihr Reichen; denn ihr habt euren Trost schon empfangen. Weh euch, die ihr jetzt satt seid; denn ihr werdet hungern. Weh, die ihr jetzt lacht; denn ihr werdet klagen und weinen. Weh, wenn euch alle Menschen loben. Denn ebenso haben es ihre Väter mit den falschen Propheten gemacht.

(Lk 6,20–26)

Weil sie gemeinsame Quellen haben, kennt auch ein Evangelist Lukas wie sein »Kollege« Matthäus in seiner berühmten Bergpredigt die Seligpreisungen und schickt noch bekräftigend seine »Wehe«-Rufe hinten nach.

Alle Rufe verbindet der Begriff der Armut. Von daher verstehen viele die christliche Botschaft nur als Trostbotschaft für die ewig Benachteiligten in der Gesellschaft. Aber eine Botschaft vom Reich Gottes, vom Lohn. Den man »danach« erhalten wird; für diejenigen, denen es jetzt dreckig geht, ist das kaum ein Trost. Niemals würden wir uns damit zufriedengeben, und auch ein Jesus von Nazareth hat nichts mit Vertröstung am Hut. Der Gott der Bibel, an den er glaubt, vertröstet nicht, er fordert heraus und begleitet, damit der Mensch sich ändern kann.

Dass Armut in diesem Sinne des Evangeliums viel weitreichender gemeint ist, führt der evangelische Pfarrer und Theologe Fritz Rienecker in seiner Wuppertaler Studienbibel aus: »Wir sollen arm werden und arm bleiben.«

»Arm werden heißt, den Abbau des eitlen, aufgeblasenen Ichs erleben, hinuntergeführt werden von den Lügenhöhen unseres eigenen Reichseins, Sattseins, Großseins, in das Tal unserer wirklichen Armut und Bedürftigkeit.«

Weiter heißt arm werden, all die Scheinfundamente und Scheinstützen abzubauen, »durch die wir selbst etwas sein möchten. Abbauen bis auf den Punkt, wo unsere ganze Armut offenbar wird. ›Arm bleiben‹ heißt, aus solchem ›Abgebaut-haben‹ und solchem ›Abgebrochen-sein‹ nicht mehr herauskommen.«

Ihr seid
das Salz der Erde!

In jener Zeit sprach Jesus zu seinen Jüngern: Ihr seid das Salz der Erde. Wenn das Salz seinen Geschmack verliert, womit kann man es wieder salzig machen? Es taugt zu nichts mehr; es wird weggeworfen und von den Leuten zertreten. Ihr seid das Licht der Welt. Eine Stadt, die auf einem Berg liegt, kann nicht verborgen bleiben. Man zündet auch nicht ein Licht an und stülpt ein Gefäß darüber, sondern man stellt es auf den Leuchter; dann leuchtet es allen im Haus. So soll euer Licht vor den Menschen leuchten, damit sie eure guten Werke sehen und euren Vater im Himmel preisen.

(Mt 5,13–16)

Das ist das wesentliche Unterscheidungsmerkmal in der Verkündigung Jesu zu ganz gewöhnlichen Sektenpredigern: Er fordert nicht, er spricht aus, was wir bereits sind, er appelliert an unsere Würde und an unseren Wert. Heute eben Salz der Erde!

Aber er tut das auch sehr eindringlich, mahnend: Wehe, wenn das Salz seinen Geschmack verliert, womit kann man es wieder salzig machen? Es taugt zu nichts mehr. Es wird weggeworfen. Wo das Leben nicht wahrhaftig ist, weil es unglaubwürdig gelebt wird, hat es weder Kraft noch Geschmack.

Die Bilder Jesu sind einfach. Sie bringen es auf den Punkt. Eine Gesellschaft bekommt es zu spüren, wenn sie das Salz des Evangeliums, also den Widerspruch und die Korrektur, den Ruf zur Mitmenschlichkeit und Gerechtigkeit, die Mahnung zur Gewaltlosigkeit und zum Frieden nicht mehr bekommt. Eine Suppe ohne Salz, wer mag diese auslöffeln? Eine fade Gesellschaft, was kann sie noch bewirken? Das Sprichwort stimmt: »Der Mensch kann ohne Gold, aber nicht ohne Salz leben.«

Und selbst was als gering und wertlos erscheint, hat bei Jesus eine große Bedeutung. Nicht einfach nur das Große und Starke, die Masse machen es, sondern Offenheit und Glaubwürdigkeit. Zu oft ist nämlich die Rede von der Kirche der Zukunft als einer kleinen Herde. Viel wichtiger sind aber Christen, die glaubwürdig sind und Profil zeigen. Dann, nur dann können sie das Licht der Hoffnung in das Dunkel unserer Welt bringen.

Wie Salz, wie Licht oder wie Sauerteig zu sein, das ist etwas Besonderes. Es ist eine Herausforderung, anders zu denken, anders zu leben und zu handeln. Und das nicht unter großem Geschrei, sondern indem wir uns einmischen wie die Prise Salz oder alles durchdringen wie die Handvoll Sauerteig. Aber Salz neben der Suppe, Sauerteig neben dem Sack Mehl und Licht in einem verschlossenen Kasten sind wirkungslos; kann man glatt vergessen.

Ja heißt Ja,
Nein heißt Nein!

In jener Zeit sprach Jesus zu seinen Jüngern: Ihr habt gehört, dass zu den Alten gesagt worden ist: Du sollst keinen Meineid schwören, und: Du sollst halten, was du dem Herrn geschworen hast. Ich aber sage euch: Schwört überhaupt nicht, weder beim Himmel, denn er ist Gottes Thron, noch bei der Erde, denn sie ist der Schemel für seine Füße, noch bei Jerusalem, denn es ist die Stadt des großen Königs. Auch bei deinem Haupt sollst du nicht schwören; denn du kannst kein einziges Haar weiß oder schwarz machen. Euer Ja sei ein Ja, euer Nein ein Nein; alles andere stammt vom Bösen.

(Mt 5,33–37)

Deutlicher kann es Jesus von Nazareth uns nicht ins Herz schreiben – und schickt sogar noch eine eigentlich unmissverständliche Mahnung hinterher: Alles andere stammt vom Bösen. Ungeschminkt hinterfragt er so unsere Glaubwürdigkeit als Mensch und Christ. Wer nicht wirklich etwas zu sagen weiß, der soll wenigstens den Mund halten, und wer keine Ahnung hat, der soll nicht auch noch große Erklärungen abgeben.

Wahrhaftigkeit bedeutet eben mehr als nur andere nicht anzulügen. Es meint, überhaupt gar keinen solchen Schein zu erwecken, der mit der Wirklichkeit nichts zu tun hat. Das hat massive Konsequenzen besonders für solche Lebensbereiche wie Medien, Politik und Kirche. Die Menschen haben ein Anrecht auf saubere Recherche, und es ist einfach falsch, Dinge nachzuplappern, nur weil andere es auch so gesagt haben. Politiker und Regierungen haben nicht das Recht, Lösungen anzubieten, vor allem wenn sie wissen, dass die überhaupt nichts bringen werden.

Und unsere Kirchen tun gut daran, nicht ständig von Aufbruch zu sprechen, wo wir in Wahrheit nur noch den Mangel verwalten. Rückzugsgefechte darf man nicht als Weiterentwicklung verkaufen und im gleichen Atemzug ständig den Heiligen Geist vorschieben, wobei es doch nur die pure Angst vor neuen Entwicklungen ist, die längst überfällige Reformen verhindert.

Wir dürfen es uns gegenseitig ruhig eingestehen, dass in diesen Fragen niemand unfehlbar ist und keiner alles weiß. Niemand kann sagen, was Gott in der heutigen Situation wirklich von uns fordert. Gerade wenn es um den Weg in die Zukunft geht, ist eine ehrliche Einsicht gefordert. Wir sind alle immer auf der Suche und finden den Weg nur dann, wenn wir gemeinsam aufeinander hören und um die richtigen Entscheidungen ringen. Nur diese Ehrlichkeit, sich sein Nichtwissen auch mal einzugestehen und nicht ständig Dinge vorzugeben, von denen wir keine Ahnung haben, wird uns letztlich weiterbringen. Grundlage allen gemeinsamen Tuns ist und bleibt gegenseitiges Vertrauen, und Vertrauen lebt bekanntlich von Glaubwürdigkeit, Wahrhaftigkeit und Ehrlichkeit.

Euer Ja sei ein Ja, euer Nein ein Nein! Alles andere stammt vom Bösen. Ein Sprichwort sagt es auch anders: »Nur ein Narr gibt mehr, als er eigentlich hat.«

Gewaltlosigkeit und Feindesliebe

In jener Zeit sprach Jesus zu seinen Jüngern: Wer dich bittet, dem gib, und wer von dir borgen will, den weise nicht ab. Ihr habt gehört, dass gesagt worden ist: Du sollst deinen Nächsten lieben und deinen Feind hassen. Ich aber sage euch: Liebt eure Feinde und betet für die, die euch verfolgen, damit ihr Söhne eures Vaters im Himmel werdet; denn er lässt seine Sonne aufgehen über Bösen und Guten, und er lässt regnen über Gerechte und Ungerechte. Ihr sollt also vollkommen sein, wie es auch euer himmlischer Vater ist.

(Mt 5,42–45.48)

Krieg und Frieden, Gewalt und Gewaltlosigkeit. Sie beginnen immer im Kleinen, und sie folgen im Kleinen wie im Großen denselben Gesetzen. Jesus gibt in der Bergpredigt nicht nur Hinweise, wie seine Jünger mit Unterdrückern umgehen sollen. In unserem Lebensalltag geht es ja oft um ganz anders geartete Auseinandersetzungen und Kleinkriege. Jesus zeigt uns ganz praktisch, wie »Entfeindung« und Versöhnung möglich sind, wo Beziehungskonflikte allen Parteien das Leben schwer machen.

Alle Menschen brauchen Liebe und Respekt, Nahrung, Obdach, Kleidung, Schutz und Menschen, die uns zuhören und unsere Würde achten. Feindschaft beginnt da, wo einem anderen diese Grundbedürfnisse versagt, eigene egoistische Motive geleugnet werden und stattdessen allen anderen Bosheit unterstellt wird. Gewaltlosigkeit aber beginnt damit, dass wir beginnen, den anderen zu fragen, was er braucht.

Dieser Weg der Gewaltlosigkeit, den Jesus gelehrt hat (und übrigens auch Buddha), hat immer wieder funktioniert. Aber wir haben uns auch so sehr an die Gewaltnachrichten gewöhnt, dass die viel wichtigeren Versöhnungsgeschichten ausbleiben. Reden wir doch mal wieder von einem Frederik Willem de Klerk, dem letzten weißen Präsidenten Südafrikas, und seiner Aussöhnung mit seinem Widersacher Nelson Mandela, die beide nach Jahrzehnten bitterster Feindschaft die Apartheid, die Rassentrennung in Südafrika beendeten. Gottes Geist weht da, wo Menschen beginnen, Gott auch im Anderen zu sehen.

Christsein heißt, sich eben nicht einreden lassen zu müssen, wer angeblich der Feind ist, und dass man als Einzelner nichts bewirken könnte. In der Geschichte sind es immer wieder Einzelne gewesen, die durch kleine mutige und gewaltlose Taten Großes in Bewegung gesetzt haben. Sie alle haben immer auch für ihre Feinde gebetet, wie Jesus es empfiehlt und es noch am Kreuz selber getan hat.

Es gibt ein Rezept, so das Evangelium, das dem Krieg den Boden entzieht, im Großen wie im Kleinen: Hören wir auf, die Welt in Böse und Gute einzuteilen und uns dabei stets sofort zu den Guten zu rechnen – und gestehen wir auch den anderen zu, dass sie ebenso geliebte Söhne und Töchter Gottes sind wie wir selbst, also Menschen mit Licht- und Schattenseiten und mit grundlegenden Bedürfnissen – wie wir.

Nicht zu Tode lachen

Wenn sich aber dieses Verwesliche mit Unverweslichkeit bekleidet und dieses Sterbliche mit Unsterblichkeit, dann erfüllt sich das Wort der Schrift: Verschlungen ist der Tod vom Sieg. Tod, wo ist dein Sieg? Tod, wo ist dein Stachel? Der Stachel des Todes aber ist die Sünde, die Kraft der Sünde ist das Gesetz. Gott aber sei Dank, der uns den Sieg geschenkt hat durch unseren Herrn Jesus Christus. Daher, meine geliebten Brüder und Schwestern, seid standhaft und unerschütterlich, seid stets voll Eifer im Werk des Herrn und denkt daran, dass im Herrn eure Mühe nicht vergeblich ist!

(1Kor 15,54–58)

Der evangelische Theologe Karl Barth hat auf die Frage, was den Menschen vom Affen unterscheide, augenzwinkernd geantwortet: »Der Mensch kann lachen und Pfeife rauchen.«

Es gibt Phasen wie z. B. den Fasching, da wird mehr gelacht als sonst. Manchmal herzhaft, manchmal nur gezwungenerweise, weil halt alle lachen. Das Lachen hat mit Freiheit und Gelassenheit zu tun. Im Lachen, vor allem wenn es aus dem Herzen kommt, kann man sich ganz loslassen.

Aber es gibt auch Menschen, die lassen sich nicht zum Lachen bringen; der tierische Ernst in ihnen ist zu mächtig. Entsprechend humorlos und gefangen ist ihr Tun und Lassen. Wer lacht, befreit sich nicht nur von Sorgen und Zwängen. Er befreit sich auch von sich selbst. Er nimmt sich, die Schwierigkeiten und Nöte des Lebens nicht zu wichtig.

Noch einmal zurück zum Fasching: Seine lange Tradition beweist, wie wichtig Witz und Lachen sind. Den Karneval (»carne vale« heißt: Lebe wohl, Fleisch!) gibt es vor allem in katholischen Gegenden. Spötter erklären dies gerne damit, »weil die Katholiken ja sonst nichts zu lachen hätten, denn alles, was Spaß machen würde, ist entweder Sünde oder macht dick!« Dabei kann man manchmal sogar auf die ärgerlichsten Dinge und Dummheiten im Leben nur mit Lachen reagieren!

Die Paulusworte, mit denen er den Tod regelrecht verlacht, sind der Urgrund christlicher Freude und befreiten Lachens. Im Ostergelächter (»risus paschalis«) wird das Lachen – nach 40 Tagen Schweigen seit Ende des Faschings in der Fastenzeit – neu anheben und der unüberwindbare, großmächtige Tod aufs Neue verspottet. Er hat endgültig verspielt! Der kleine Mensch hat das Leben unverlierbar gewonnen.

Witz und Lachen sind daneben auch immer schon die Waffen des kleinen Mannes, auch gegen die Willkür und das Unrecht staatlicher wie kirchlicher Obrigkeiten, gewesen. Abstoßend wird das Lachen allerdings dann, wenn es verletzt, ausgrenzt und ausschließt. Der Witz muss immer zwischen Sache und Person unterscheiden können. Er muss die Fähigkeit in sich tragen, nicht nur lachend die Wahrheit zu sagen, sondern auch über sich selbst zu lachen.

Das Lachen soll die Lebensfreude stärken und nicht zerstören. Alles andere wäre unsolidarisch. Das unterscheidet auch gutes Kabarett von billiger Comedy.

Wer ist dieser Gott überhaupt?

Wenn also jemand in Christus ist, dann ist er eine neue Schöpfung: Das Alte ist vergangen, siehe, Neues ist geworden. Aber das alles kommt von Gott, der uns durch Christus mit sich versöhnt und uns den Dienst der Versöhnung aufgetragen hat. Ja, Gott war es, der in Christus die Welt mit sich versöhnt hat, indem er ihnen ihre Verfehlungen nicht anrechnete und unter uns das Wort von der Versöhnung aufgerichtet hat. Wir sind also Gesandte an Christi statt und Gott ist es, der durch uns mahnt. Wir bitten an Christi statt: Lasst euch mit Gott versöhnen! Er hat den, der keine Sünde kannte, für uns zur Sünde gemacht, damit wir in ihm Gerechtigkeit Gottes würden.

(2 Kor 5,17–21)

Zugegeben: Früher war alles viel einfacher, als man noch sagen konnte: Das hat Gott gesagt. Das ist der Wille Gottes. Das hat Gott so und nicht anders gemacht. Der tschechische Professor Tomas Halik, er wurde in den kommunistischen Zeiten heimlich zum Priester geweiht, sagt: »Viele, die mit Gott kämpfen, sind ihm näher als die Gleichgültigen.« Menschen spüren es heute deutlicher als früher, wo alles seine vorgeschriebenen religiösen Bahnen ging, dass sie ohne Gottesbeziehung nicht »ganz« sind. Gott und die Menschen miteinander auf einzigartige Weise zu verbinden, das hat Jesus in unsere Welt gebracht. In dieser Nähe und Intensität lässt sich das außerhalb des Christentums so kaum finden.

Heute muss der Glaube daher die Unsicherheit und die Verborgenheit Gottes ertragen können, Glaube und Zweifel aber sind Geschwister. Sie brauchen einander. Wer sich seines Glaubens allzu sicher ist, kann leicht zum Fanatiker werden, und davon haben die Religionen derzeit mehr als genug.

Die Kirche hat in der Vergangenheit den unbekannten Gott vorschnell durch Jesus Christus, als den Sohn Gottes, eingetauscht. Vor Jahren schrieb schon ein Kommentator der WELT:

»In der Verkündigung Gottes ist die Kirche wenig überzeugend. In den Ritualen des Glaubens spürt man nicht selten eine gewisse Hohlheit, ein Zittern, ein Fremdeln … Die Kirche hat eine theologische Schwäche.«

Wie also soll man mit einem Gottesbild, das Inhalte des Glaubens anbietet wie vor 200, gar wie vor 500 Jahren, eine junge Generation erreichen?

Wieso nicht ganz einfach von diesem Gott reden, so wie es der große Theologe Karl Rahner gemacht hat, wenn er sagt, dass Gott mit jedem Menschen seine Geschichte hat. Also hat auch jeder Mensch seine Geschichte mit Gott. Es braucht viel Freiheit und Mut, sich das zuzugestehen.

Jesus, der Schüler

Da wurde Jesus vom Geist in die Wüste geführt, damit er von dem Teufel versucht würde. Und da er vierzig Tage und vierzig Nächte gefastet hatte, hungerte ihn. Und der Versucher trat zu ihm und sprach: Bist du Gottes Sohn, so sprich, dass diese Steine Brot werden. Er aber antwortete und sprach: Es steht geschrieben: »Der Mensch lebt nicht vom Brot allein, sondern von einem jeden Wort, das aus dem Mund Gottes geht.«

(Mt 4,1–4)

Der Mensch lernt, solange er lebt. Im Umkehrschluss heißt das: Wer nichts mehr lernt, ist bereits tot. Jesus war in allem uns gleich, sagt die Schrift. Also ist und war er auch ein Lernender und Suchender, wie es der Hebräerbrief ausdrückt: »Obwohl er der Sohn war, hat er an dem, was er gelitten hat, den Gehorsam gelernt« (Heb 5,8).

Wir haben Schwierigkeiten, Jesus als Schüler zu sehen. Kennen wir ihn doch eigentlich nur anders: Als herziges, aber hilfloses Kind zur Weihnachtszeit. Später als erwachsenen Wanderprediger, der das Kommen des Reiches Gottes ansagt und auf alles eine Antwort weiß, und als Wundertäter, der planvoll reagiert und den nichts aus der Bahn wirft. Schließlich auch noch als den, der wider jede menschliche Erfahrung zu einem neuen Leben auferweckt wurde. Das alles passt nicht zu einem Schüler, zu einem Lernenden.

In diesem Evangelium aber lernt Jesus, wie gefährlich die Wüste ist. Sie wird für ihn zum Testfeld, ob Urvertrauen und Selbstbewusstsein wirklich tragen. Er muss mit den Grundversuchungen der Menschheit und mit der Gier nach Macht, Ansehen und Konsum fertig werden.

Jesus, der Schüler, wird in der Einsamkeit – ganz auf sich gestellt – geprüft, ob er aus seinem bisherigen Leben die richtigen Antworten weiß. Mit den drei richtigen Reaktionen in der Wüste ist es allerdings nicht getan. Die Versuchungen bleiben Jesus und uns ein Leben lang. Was machen wir, wenn der Hunger uns quält oder wir uns zu Brotgebern aufspielen können? Wie verhalten wir uns, wenn wir unser Ansehen vor den Menschen steigern können? Wie entscheiden wir schließlich, wenn uns Macht über andere Menschen in die Hand gegeben ist? Antworten wir dann immer mit den Worten aus der Heiligen Schrift oder in ihrem Geist?

Das Lernen Jesu so wie seine Erfahrungen mit dem Leben haben sehr viel mit uns zu tun. Wie Jesus lernen wir aus den Versuchungen, die sich uns entgegenstellen. Wie er sind wir glücklich über uns, wenn wir gut aus ihnen herausgekommen sind. Vielleicht werden wir die Herausforderungen und Versuchungen des Lebens nicht immer so bestehen wir ER. Aber wir wissen, dass es immer einen Ausweg aus der Wüste gibt; und wäre es ein Engel, den auch Jesus in jenen kritischen Momenten gesehen hat.

Freie Sicht

Verklärung des Herrn

Und während er betete, veränderte sich das Aussehen seines Gesichtes und sein Gewand wurde leuchtend weiß. Und siehe, es redeten zwei Männer mit ihm. Es waren Mose und Elija; sie erschienen in Herrlichkeit und sprachen von seinem Ende, das er in Jerusalem erfüllen sollte. Petrus und seine Begleiter aber waren eingeschlafen, wurden jedoch wach und sahen Jesus in strahlendem Licht und die zwei Männer, die bei ihm standen. Und es geschah, als diese sich von ihm trennen wollten, sagte Petrus zu Jesus: Meister, es ist gut, dass wir hier sind. Wir wollen drei Hütten bauen, eine für dich, eine für Mose und eine für Elija. Er wusste aber nicht, was er sagte. Während er noch redete, kam eine Wolke und überschattete sie. Sie aber fürchteten sich, als sie in die Wolke hineingerieten. Da erscholl eine Stimme aus der Wolke: Dieser ist mein auserwählter Sohn, auf ihn sollt ihr hören. Während die Stimme erscholl, fanden sie Jesus allein. Und sie schwiegen und erzählten in jenen Tagen niemandem von dem, was sie gesehen hatten.

(Lk 9,29–36)

Fast verschlafen die drei Apostel das Stück Himmel auf Erden. Fast wäre das wichtige Ereignis auf dem Berg Tabor an ihnen vorübergegangen. Sie werden noch einmal schlafen, dann, wenn Jesus ihren Beistand in seiner Todesangst, an der Grenze seines Lebens, so dringend brauchen könnte. Sie werden wieder einmal schlafen zur falschen Zeit.

Auf dem Tabor tritt das Leben Jesu in sein volles Licht, so das Bild. Der Himmel öffnet sich. Für einen Moment zeigt sich die ganze Fülle des Lebens. Den Jüngern fehlen die Worte. Statt zu staunen und sich darüber zu freuen, statt einen Blick auf die Fülle und die Schönheit des Lebens zu werfen und das Glück des Augenblicks zu genießen, wollen sie drei Hütten bauen. Sie wollen etwas in Sicherheit bringen, was nicht festzuhalten ist. Das Leben braucht Bewegung, braucht Raum, keine Räume.

Es gibt viele Menschen, die das Leben nicht so führen, wie sie es sich wünschen. Sie könnten sich manche Taborstunde erfüllen, wenn sie sich nur erheben wollten. Natürlich muss einer dafür erst einmal den Berg hinaufsteigen. In den Niederungen des Lebens gibt es keine freie Sicht. Wer aufsteigt und aussteigt aus dem Üblichen, wer sich befreit von Ängsten und Zwängen, verändert sich und sein Aussehen schon unterwegs. Er fängt an zu strahlen.

Darum muss es uns Christen gehen: Auf den Berg steigen und nicht in der Enge und hinter Mauern sitzen bleiben! »Mit meinem Gott überspringe ich Mauern!« heißt es in den Psalmen. Genau darum muss es einer Seelsorge mit den Menschen gehen: Nicht gängeln, sondern begleiten! Nicht disziplinieren, sondern befreien! Und vor allem immer das ganze Leben im Blick haben: Zärtlichkeit, Wärme und Güte, Schöpferkraft und Engagement, aber auch die Dunkelheiten, die Enttäuschungen und die Schattenseiten. Alles ist in diesem einen Moment auf dem Tabor in einer großen Harmonie miteinander verbunden.

Das Licht vom Tabor ist wie eine Signatur des anderen Lebens, eines Lebens, wie es Gott uns zumutet. Zumutung im Sinne der ursprünglichen Bedeutung: Den Mut zu haben, sein Leben so zu führen, wie es von Gott her gedacht ist.

Die große Gelassenheit

Und er erzählte ihnen dieses Gleichnis: Ein Mann hatte in seinem Weinberg einen Feigenbaum gepflanzt; und als er kam und nachsah, ob er Früchte trug, fand er keine. Da sagte er zu seinem Winzer: Siehe, jetzt komme ich schon drei Jahre und sehe nach, ob dieser Feigenbaum Früchte trägt, und finde nichts. Hau ihn um! Was soll er weiter dem Boden seine Kraft nehmen? Der Winzer erwiderte: Herr, lass ihn dieses Jahr noch stehen; ich will den Boden um ihn herum aufgraben und düngen. Vielleicht trägt er in Zukunft Früchte; wenn nicht, dann lass ihn umhauen!

(Lk 13,6–9)

Das Gleichnis vom Feigenbaum spricht eine ganz besondere Sprache; es ist die einzigartige Sprache Jesu, die Verständnis hat, Geduld zeigt, Gelassenheit predigt. Mit Gewalt ist die Welt nämlich nicht zu verändern; unter Druck zerbricht höchstens ein Mensch, bevor er sich ändert.

Gelassenheit ist eben doch einer der Namen Gottes. Eine Gelassenheit, die uns zeigt, wie Kleinigkeiten Großes bewirken können. Vielleicht fehlt dem Feigenbaum wirklich nur ein bisschen Dünger; vielleicht braucht er gerade noch ein Jahr, um Früchte anzusetzen. Wer weiß das alles z. B. bei einem Kind, bei einem Menschen schon?

Manchmal tritt das Christentum auf wie eine der Werbesendungen im Verkaufsfernsehen: Mit allen Mitteln und Tricks werden die Zuschauer beschworen, möglichst sofort zum Telefon zu greifen, um eine Ware zu bestellen, die sie dann eigentlich ja überhaupt nicht brauchen.

In der Verkündigung Jesu läuft das anders: Da darf der Sohn erst einmal in die Ferne ziehen, das Leben ausprobieren bis an den Rand, bevor er sich besinnt und heimkehrt. Da kann ein neugieriges Schaf erst einmal die Herde verlassen und nach besonderen Kräutern suchen und wird liebevoll heimgeholt. Da bekommt ein Feigenbaum ein viertes Jahr zugebilligt, einschließlich Dünger und sorgfältiger Behandlung. Selbst das Unkraut darf zusammen mit dem Weizen wachsen bis zum Ernteschnitt; wobei noch offenbleibt, was in den Augen Gottes überhaupt Unkraut ist. Vielleicht sind es gar die Disteln, die Einzug halten ins Gottesreich, und nicht der fette Weizen?

Jesu Worte sind von solch großer Gelassenheit geprägt, die aber gerade das Heute ernst nimmt. Jesus verschiebt nichts, was jetzt getan werden muss, und wäre es am Sabbat. Er bleibt aber nicht am Gestern hängen und macht sich keine großen Gedanken über das Morgen. Denn Gelassenheit hat viel mit Zulassen, Geschehen-Lassen zu tun, jedoch nichts mit Leichtsinn oder Oberflächlichkeit. Gerade ein gelassener Mensch zeigt seine Verantwortung vor dem Leben, das eben nicht festgehalten werden will und kann. Ein gelassener Christ erkennt den Fluss des Lebens an und kommt dadurch zur Ruhe.

Der Feigenbaum im Evangelium heute gehört zu den sieben Segnungen des Landes Israel. Unter dem Feigenbaum zu wohnen wird in der Bibel als Bild für ein Leben in Frieden und Sicherheit gebraucht, und der Baum ist ein Bild für das jüdische Volk selbst. Kurz: Ein Bild für uns gewöhnliche Menschen.

Da berührt es uns noch mehr, wie behutsam und mit welcher Geduld Gott mit uns umgeht, wenn wir immer noch nicht vorwärtskommen. Das spricht gegen alle religiösen Aufgeregtheiten, für die christliche Fundamentalisten so anfällig sind. Sie wollen für das still wachsende Reich Gottes schnelle und harte Lösungen.

Das Reich Gottes aber verträgt weder Hektik noch Verbissenheit, also jene falsche Ernsthaftigkeit, die nicht darauf vertraut, dass Gott auf krummen Wegen gerade Linien ziehen und auch mal alle fünfe grad sein lassen kann.

Die Freiheit hat ihren Preis

In jenen Tagen sprach der Herr zu Abram: Zieh weg aus deinem Land, von deiner Verwandtschaft und aus deinem Vaterhaus in das Land, das ich dir zeigen werde. Ich werde dich zu einem großen Volk machen, dich segnen und deinen Namen groß machen. Ein Segen sollst du sein. Ich will segnen, die dich segnen; wer dich verwünscht, den will ich verfluchen. Durch dich sollen alle Geschlechter der Erde Segen erlangen. Da zog Abram weg, wie der Herr ihm gesagt hatte.

(Gen 12,1–4a)

Ein gewaltiger Flüchtlingsstrom schwoll da an im Nahen Osten und im ganzen Zweistromland. Überall packten sie ihre Habseligkeiten und zogen los, um in ein besseres Leben zu gelangen. Die Bilder, die wir heute an den Außengrenzen Europas erleben, sind schon sehr alt und stammen aus dem 19./18. Jahrhundert vor Christus. Und einer von ihnen war unser Stammvater Abraham, voller Sorge, ob er das mit seiner Familie wird schaffen können. Gott aber zwingt ihn nicht, er ermutigt ihn!

Die biblische Geschichte von Abraham macht es überdeutlich: Gott ist parteiisch, er steht auf der Seite des Abraham, des Wirtschaftsflüchtlings, des Ausländers, dessen, der aus Not in die Fremde zieht. Er fordert ihn unmissverständlich dazu auf, seine Freiheit zu leben!

So wie es ein Jesus von Nazareth tut! Mit ihm verbindet sich die christliche Hoffnung mit der menschlichen Hoffnung: Ja, es gibt eine Welt mit mehr Solidarität, Gerechtigkeit und Geschwisterlichkeit, wenn wir sie nur wollen und auch machen. Die Hoffnung träumt immer von einer besseren Welt, die allerdings nicht vom Himmel fällt, sondern stets das gemeinsame Werk vieler Gleichgesinnter ist. Exakt diese Hoffnung hat die Kirche mitzutragen.

Dabei geht es nicht nur um materielle Herausforderungen, sondern auch um die spirituelle Suche der Menschen. Jesu Seligpreisungen lassen nach vorne schauen, das Böse und Schwere im Guten und Leichten aufgehen: Achtsamkeit, Gewaltlosigkeit, Mitgefühl, Friedenswille verbünden sich mit Barmherzigkeit und der Bereitschaft, in diesem Engagement für den Menschen auch Nachteile zu erleiden. Der Urgrund für diese christliche Hoffnung ist das neue Leben, das Jesus nach seinem Tod am Kreuz geschenkt wurde. Darin wurzelt diese neue Freiheit. Jeglicher Zwang ist ihm fremd.

Diese Freiheit macht den religiösen und politischen Machthabern zu jeder Zeit Angst. Sie stört ihre selbst festgesetzten Ordnungen. Daher ist sie nicht nur kostbar, sie kostet auch etwas. Christen können immer nur dann von einem Evangelium der Freiheit Zeugnis geben, wenn sie selbst frei sind. Das Christentum und die Kirche werden nicht überleben, wenn sie jedoch Gefangene der Vergangenheit sind.

Glaube, der Freiheit atmet

Da kam eine samaritische Frau, um Wasser zu schöpfen. Jesus sagte zu ihr: Gib mir zu trinken! Seine Jünger waren nämlich in den Ort gegangen, um etwas zum Essen zu kaufen. Die samaritische Frau sagte zu ihm: Wie kannst du als Jude mich, eine Samariterin, um Wasser bitten? Die Juden verkehren nämlich nicht mit den Samaritern. Jesus antwortete ihr: Wenn du wüsstest, worin die Gabe Gottes besteht und wer es ist, der zu dir sagt: Gib mir zu trinken!, dann hättest du ihn gebeten, und er hätte dir lebendiges Wasser gegeben. Sie sagte zu ihm: Herr, du hast kein Schöpfgefäß, und der Brunnen ist tief; woher hast du also das lebendige Wasser? Bist du etwa größer als unser Vater Jakob, der uns den Brunnen gegeben und selbst daraus getrunken hat, wie seine Söhne und seine Herden? Jesus antwortete ihr: Wer von diesem Wasser trinkt, wird wieder Durst bekommen; wer aber von dem Wasser trinkt, das ich ihm geben werde, wird niemals mehr Durst haben; vielmehr wird das Wasser, das ich ihm gebe, in ihm zur sprudelnden Quelle werden, deren Wasser ewiges Leben schenkt.

(Joh 4,7–10.13–15)

Jesus von Nazareth war erfüllt von dieser Überzeugung: Religiöse Richtlinien wie z. B. die Zehn Gebote oder das Sabbatgebot sollen Orientierungspunkte sein, niemals aber Zwangsgesetze, die über dem Gewissen stehen. Der Mensch hat immer Vorrang. Weder in der Politik, in der sich allmächtig gebärdenden Bürokratie noch in der Kirche werden solche Sätze Jesu gerne gehört.

Moral ist immer mit Leben und Verantwortung verbunden. Daher gibt es nicht immer und in jedem Fall allgemeingültige Moralgesetze. Der Mut zu neuen, zu anderen Entscheidungen gehört immer dazu. Die Mitmenschlichkeit bleibt stets das entscheidende Kriterium. Mauern und Festungen sind kein Mittel einer menschlichen Moral. Durch Drohungen, vielleicht sogar mit der Hölle, ist vermutlich noch kein Mensch besser geworden. Das sind wichtige und notwendige Erkenntnisse für unser Unterwegssein im Unvollkommenen.

Jesus schenkt nun den Menschen, denen er begegnet (wie heute der Samariterin am Jakobsbrunnen) oder die bei ihm Hilfe suchen, als Erstes Selbstvertrauen. »Gib mir zu trinken«, bittet er die Frau am Brunnen, die das gar nicht fassen kann, dass er überhaupt mit ihr, der Samariterin, ein Wort wechselt! »Steh auf und geh!«, sagt er zu dem Gelähmten – und er tut es!

Diesen Mut spricht er nun auch uns zu, wenn wir uns wieder einmal nicht zutrauen, den ersten und wichtigen Schritt ins Neue hineinzuwagen. Aber für Jesus ist jeder einzelne Mensch ein unentbehrliches Glied in der Kette der Gemeinschaft des Lebens.

Religiöse Autorität in hergebrachter Form verlangt dagegen ein ständiges Jasagen. Auch die Kirche hat über viele Generationen hinweg dies so gepflegt. Der Gehorsam wurde verherrlicht und am Ende heiliggesprochen. Ihre Darstellungen wurden dazu als leuchtende Beispiele des Gehorsams auf die Altäre gestellt.

Dabei beeindrucken gerade deshalb so viele unter uns andere Menschen, weil sie immer dann, wenn es gefordert ist, um des Menschen willen bereit sind, auch ein Tabu zu brechen und eine Regel zu überholen, und sei sie noch so alt. Sie lehren uns inständig, dass, wenn es um unser Verantwortungsbewusstsein geht, der Ungehorsam durch das richtige Hören auf Gottes Wort zum echten Gehorsam wird.

Ein neues Gottesbild

Der Vater aber sagte zu seinen Knechten: Holt schnell das beste Gewand und zieht es ihm an, steckt einen Ring an seine Hand und gebt ihm Sandalen an die Füße! Bringt das Mastkalb her und schlachtet es; wir wollen essen und fröhlich sein. Denn dieser, mein Sohn, war tot und lebt wieder; er war verloren und ist wiedergefunden worden. Und sie begannen, ein Fest zu feiern. Sein älterer Sohn aber war auf dem Feld. Als er heimging und in die Nähe des Hauses kam, hörte er Musik und Tanz. Da rief er einen der Knechte und fragte, was das bedeuten solle. Der Knecht antwortete ihm: Dein Bruder ist gekommen und dein Vater hat das Mastkalb schlachten lassen, weil er ihn gesund wiederbekommen hat. Da wurde er zornig und wollte nicht hineingehen. Sein Vater aber kam heraus und redete ihm gut zu.

(Lk 15,22–28).

Wenn Jesus Geschichten erzählt, dann ist immer auf die Pointe zu achten, auf den springenden Punkt – so wie im Gleichnis vom verlorenen Sohn: Er verkündet einen anderen Gott! Für Jesu Zuhörer bedeutete das eine große Herausforderung: Sie erkennen ihre Vorstellung von Gott nicht wieder; ihr Gottesbild bekommt einen großen Sprung.

Der ältere Sohn verdeutlicht dabei alles. Er ist der konservative Typ, der eine klare Linie vertritt und sich selber auch daran hält. Alles muss auf Erden und im Himmel seine Ordnung haben. Es muss vor allem gerecht zugehen. Gerechtigkeit aber heißt für ihn: Gott lohnt und straft. Gott vergibt Treueprämien für Wohlverhalten oder erteilt Sündern saftige Lektionen. So wird die Gerechtigkeit bewahrt. Heißt es denn nicht in der Schrift: »Gott, der Gerechte«!?

Wie also kann der Vater mit dem verkommenen Heimkehrer, dem jüngeren Sohn, ein Fest feiern, noch bevor er Buße getan hat? Das verbietet sein Vaterbild; das verbietet sein Gottesbild. Viele in den Kirchen stehen nach wie vor in der Tradition des älteren Sohnes: Erst Reue, Buße, Sühne, Wiedergutmachung, dann ... Wo kämen wir denn sonst hin? Vergebung zu schenken, ohne für die Schuld bezahlen zu müssen oder wenigstens eine Zeit der Bewährung zu fordern – das ist die Methode der alten Zeit.

Jesus hat die neue Zeit verkündet: Er stellt mit seinem Gleichnis die überkommene Rechtfertigungslehre auf den Kopf: Für Jesus genügt Gott die Umkehr, die Heimkehr vollkommen, das ist alles. Diese Wende von der Gerechtigkeit zur Barmherzigkeit, von den Bedingungen zum Entgegenkommen Gottes kommt einem Erdrutsch gleich.

Jesus aber legt nicht für Gottes Gerechtigkeit Zeugnis ab, sondern für seine Barmherzigkeit – bis in seinen Tod. Sein Gleichnis bedeutet die Abkehr von einem kriegerischen Gott der Bibel, von einem Patriarchen-Gott, und die Hinwendung zu einem Vater-Gott, den Jesus in seiner Sprache zärtlich »Papa« nennt. Es ist die Hinwendung zu einem mütterlichen Gott, der in seinem Innersten voller Sorge für den Menschen ist. Gott erzieht sein Volk nicht durch Strenge und Strafe. Er will sie auf die Seite des Guten ziehen. Wer Gutes tut – wird selber gut! So heißt sein Motto! Gott geht mit offenen Armen auf den Menschen zu. Je öfter ein Mensch Gutes tut, verzeiht, entschuldigt, aufrichtet, begleitet ... desto leichter wird dieses Tun, desto anziehender und attraktiver wird er. Denn Gutes tun, barmherzig sein, macht schön.

In welchen Zeiten leben wir und vor allem unsere Kirchen? Leben wir immer noch in den alten Zeiten, die Jesus aufbrechen will? Welche Anerkennung bekommen Menschen in unserer Kirche, »die nicht in voller Einheit mit der Kirche stehen«, eine andere sexuelle Orientierung haben, wiederverheiratet, geschieden sind? Änderungen im Umgang sind nach diesem Evangelium jedenfalls erlaubt und erwünscht.

Der Psychotherapeut Viktor Frankl drückt es so aus: »Mensch sein heißt ja niemals, nun einmal so und nicht anders sein müssen; Mensch sein heißt immer, immer auch anders werden können.«

Die Wende
zum Menschen

Da brachten die Schriftgelehrten und die Pharisäer eine Frau, die beim Ehebruch ertappt worden war. Sie stellten sie in die Mitte und sagten zu ihm: Meister, diese Frau wurde beim Ehebruch auf frischer Tat ertappt. Mose hat uns im Gesetz vorgeschrieben, solche Frauen zu steinigen. Was sagst du? Mit diesen Worten wollten sie ihn auf die Probe stellen, um einen Grund zu haben, ihn anzuklagen. Jesus aber bückte sich und schrieb mit dem Finger auf die Erde. Als sie hartnäckig weiterfragten, richtete er sich auf und sagte zu ihnen: Wer von euch ohne Sünde ist, werfe als Erster einen Stein auf sie. Und er bückte sich wieder und schrieb auf die Erde. Als sie das gehört hatten, ging einer nach dem anderen fort, zuerst die Ältesten. Jesus blieb allein zurück mit der Frau, die noch in der Mitte stand. Er richtete sich auf und sagte zu ihr: Frau, wo sind sie geblieben? Hat dich keiner verurteilt? Sie antwortete: Keiner, Herr. Da sagte Jesus zu ihr: Auch ich verurteile dich nicht. Geh und sündige von jetzt an nicht mehr!

(Joh 8,3–11)

»**Sie stellten** die Ehebrecherin in die Mitte!« heißt es im Evangelium. Unbewusst tun die Selbstgerechten genau das Richtige: Der Mensch muss in die Mitte genommen werden, soll er seine ganze Bedeutung erlangen. Wenn der Mensch erst einmal in der Mitte ist, kann er geheilt werden. Diese Situation nutzt Jesus aus: Denen am Rande sagt er: Wer ohne Schuld und Sünde ist, werfe den ersten Stein. – Keiner wirft.

Gott hat eine Wende zum Menschen gemacht, und diese Wende heißt: Jesus Christus. Auch jetzt beschönigt Jesus nichts; aber er übertreibt auch nicht. Es gibt keine menschliche Schuld, die mit dem Tod bezahlt werden müsste.

Für ihn stammen diese Gesetze nicht von Gott, die in der Bibel des Alten Bundes stehen. Die Härte selbstgerechter Menschen hat die unmenschlichen Strafkataloge geschaffen und sie mit dem Stempel der Autorität Gottes versehen. Die Schriftgelehrten bestätigen ihre Unmenschlichkeit dadurch, dass sie sich klammheimlich davonmachen. Es wäre ihnen höchst peinlich, wenn Jesus sie vor aller Augen entlarvt hätte.

Dabei ist nicht selten das Schwerste schon geschafft, wenn ein Unglück, ein Versagen, eine Schuld benannt werden kann. Solange nicht geredet wird, wirkt das Verschweigen wie ein gefährlicher Verschluss, der die Lebenskraft nicht mehr durch die Adern fließen lässt.

Ob die »Ehebrecherin« (wieder mal ist natürlich nur von der Frau allein die Rede!) zu ihrem Mann zurückkehrte, ist für das Evangelium nicht entscheidend. Was zählt, ist, dass die Frau ihr Gesicht nicht verloren hat. Die Begegnung mit Jesus ist Grund genug, jetzt einen, den eigenen Weg zu suchen und zu gehen.

»Geh hin und sündige nicht mehr«, sagt Jesus zu ihr, nichts anderes als: Pass gut auf dich auf, dass du deinen Weg nicht verfehlst und dein Ziel nicht aus den Augen verlierst.

Mut zur Sanftheit

Palmsonntag I

Dann führten sie es zu Jesus, legten ihre Kleider auf das Fohlen und halfen Jesus hinauf. Während er dahinritt, breiteten die Jünger ihre Kleider auf dem Weg aus. Als er sich schon dem Abhang des Ölbergs näherte, begann die Schar der Jünger freudig und mit lauter Stimme Gott zu loben wegen all der Machttaten, die sie gesehen hatten. Sie riefen: Gesegnet sei der König, der kommt im Namen des Herrn. Im Himmel Friede und Ehre in der Höhe!

(Lk 19,35–38)

»Siehe, dein König kommt zu dir. Er ist sanftmütig und reitet auf einem Eselsfohlen!« Mit diesem Bild beginnt jedes Jahr die heilige (Kar-)Woche. Jesus von Nazareth reitet auf einem geliehenen Esel, dem einfachen Arbeitstier der kleinen Leute, in Jerusalem ein, lässt sich von seinen Anhängern als Kyrios, als Herr, als Sohn Davids bejubeln – und provoziert so gnadenlos.

Hier kommt kein römischer Kriegsherr in Rüstung und Waffengewalt auf einem stolzen Reittier. Solche Aufmärsche erlebten die Leute fast täglich. Jesus ist auch kein Anhänger der Zelotenbewegung, die den politischen Umsturz will: »Steck das Schwert in die Scheide!«, fordert er Petrus auf bei seiner Verhaftung am Gründonnerstag. Trotzdem mangelt es dieser Jubelprozession nicht an religionspolitischem Selbstbewusstsein und Würde, und gemeint ist letztlich eine ganz neue, eben andere Form der Macht: Sanftmut; Mut zur Eselsgeduld; Mut zur großen Vision der Gewaltlosigkeit, für die die Liebe stärker ist als der Hass.

Die Verkündigung Jesu, dass die Sanftmütigen das Land erben werden (3. Seligpreisung der Bergpredigt), spricht die kleinen Leute an, also die, die zu jeder Zeit der Menschheitsgeschichte die eigentlichen Opfer von Gewalt und Unterdrückung waren und sein werden. Nur mit der sanften Kraft der Demut, dem Mut zum Dienen und zur konsequenten Gewaltlosigkeit kann der ständig neu aufbrechende Kreislauf der Gewalt und der Wunden durch irrsinnige menschliche Aggressionen unterbrochen werden. Das ist die neue Ethik Jesu.

Unser Leben ist und bleibt ein Geschenk Gottes. Wir haben es selbst in die Hand zu nehmen und verantwortlich zu gestalten, immer mit Blick auf Gott und die Mitmenschen. Selbstgefälligkeit und Selbstzufriedenheit haben da keinen Platz. Wer aber diese deutliche Enttarnung unseres Lebensstiles durch Jesu Handeln nicht zulassen will oder kann, der muss ihn ablehnen. So kommt es zwangsläufig zur Leidensgeschichte (Passion). Wer die Provokation durch Jesus, die uns herausruft aus den Verkrustungen unseres eigenen Lebens, als Ballast empfindet, der kann ihn nur totschweigen.

Falsche Sehnsüchte, an Jesus geknüpft, führen zur Enttäuschung und enden in der Ablehnung. Doch die Sehnsucht, die Jesus in uns wecken und erfüllen möchte, bleibt für immer, die Sehnsucht nach einem lebendigen Leben, das befreit ist von der Angst um sich selbst.

Nur Palmsonntags-christen?

Palmsonntag II

Gott, der Herr, gab mir die Zunge von Schülern, damit ich verstehe, die Müden zu stärken durch ein aufmunterndes Wort. Jeden Morgen weckt er mein Ohr, damit ich höre, wie Schüler hören. Gott, der Herr, hat mir das Ohr geöffnet. Ich aber wehrte mich nicht und wich nicht zurück. Ich hielt meinen Rücken denen hin, die mich schlugen, und meine Wange denen, die mir den Bart ausrissen. Mein Gesicht verbarg ich nicht vor Schmähungen und Speichel. Und Gott, der Herr, wird mir helfen; darum werde ich nicht in Schande enden. Deshalb mache ich mein Gesicht hart wie einen Kiesel; ich weiß, dass ich nicht in Schande gerate.

(Jes 50,4–7)

Sie haben damals Palmzweige von den Bäumen geschnitten, haben sie zum Winken erhoben wie beim Einzug eines Königs. Aber klar! Wer jubelt nicht gerne einem Sieger und Helden zu? Sogar wenn er wie er auf einem Esel nach Jerusalem geritten kam. Wie skurril!

Das ist die Grundaufgabe von Kirche, dass wir unermüdlich den Retter der Welt in unserem Leben willkommen heißen! So wie die Menschen damals sollen wir ihm unsere Herzen und unser Leben öffnen und sein Lob singen. Aber es wäre auch nur die Hälfte, und wir wären wieder nur die typischen »Palmsonntags-Jubel-Christen«!

Palmsonntagschristen sind wie Fußballfans, die nur jubeln können, wenn ihre Mannschaft gut spielt, wenn alles glattläuft. Wenn aber ein Spiel verlorengeht, weht nirgendwo die Fahne des Vereins.

Wer daher beim Jubel des Palmsonntags stehen bleibt und nicht weitergeht zum Schmerz des Karfreitags, der wird auch kein Ostern erleben. Denn der Weg nach Ostern, der Weg zum ewigen Leben, der Weg zum Ziel, geht nur über den Karfreitag.

Wir gehen diesen Weg immer am Palmsonntag zu Beginn der Leidenswoche ganz bewusst, sichtbar und öffentlich, bei unseren Palmprozessionen. Das heißt, wir kennen die Freude und den Jubel des Anfangs, aber wir lassen dies alles hinter uns, wenn wir gleich danach die Leidensgeschichte in der Kirche hören. Wir wollen unbedingt losgehen, aufbrechen und uns anfeuern und stärken lassen, denn wir wissen um die bevorstehende Grausamkeit des Lebens, haben aber immer das Ziel vor Augen, wo wir am Ende wirklich ankommen werden – in der Auferstehung. Das ist unser Glaube!

»Palmsonntagschristen«, Zuschauerchristen, sie werden am Ende nach Hause gehen, wie üblich nur ihr eigenes Leben weiterleben und ihren eigenen Tod sterben. Aber für uns, die wir uns wirklich auf diesen schweren Weg gemacht haben durch den Karfreitag hindurch bis zum Ostertag, für uns wird der Jubel am Ende viel größer sein, als er es damals am Palmsonntag war.

Leib und Leben

Gründonnerstag

Denn ich habe vom Herrn empfangen, was ich
euch dann überliefert habe: Jesus, der Herr, nahm
in der Nacht, in der er ausgeliefert wurde, Brot,
sprach das Dankgebet, brach das Brot und sagte:
Das ist mein Leib für euch. Tut dies zu meinem
Gedächtnis! Ebenso nahm er nach dem Mahl
den Kelch und sagte: Dieser Kelch ist der Neue
Bund in meinem Blut. Tut dies, sooft ihr daraus
trinkt, zu meinem Gedächtnis! Denn sooft ihr
von diesem Brot esst und aus dem Kelch trinkt,
verkündet ihr den Tod des Herrn, bis er kommt.

(1 Kor 11,23–26)

Bei allem, was uns Menschen bewegt, kommt immer zuerst das Leben. Unser Leben. Von diesem Punkt gehen unsere Gedanken, geht unser Planen und unser Handeln aus.

Brot ist ein Symbolwort für Leben. Schon deswegen ist uns diese Feier, die ersten Christen nannten sie ganz schlicht nur das »Brotbrechen«, so wichtig. Deswegen lässt uns Jesus beten, »unser tägliches Brot gib uns heute«; dabei ist eben nicht nur an den Brotkorb gedacht.

Mit dem Wort Brotbrechen wird einsichtig, dass man Brot nicht nur für sich selber abbricht. Es ist ein gemeinsames, ein gegenseitiges Geben und Nehmen. In der Art und Weise, wie wir heute die Eucharistie in unseren Kirchen feiern, soll das deutlich gemacht werden.

Eine spätere Generation hat diese Feier »Eucharistie« genannt und damit die Dankbarkeit für das Brot zum Ausdruck gebracht und für den, der das Brot des Lebens verschenkt.

Die Worte Jesu: »Das ist mein Leib« beziehen sich zunächst nicht auf das Brot, sondern auf die anwesenden Menschen. Der hl. Augustinus, Bischof und Kirchenlehrer des 4. Jahrhunderts, interpretiert es so: »Empfangt, was ihr seid: Leib Christi, damit ihr werdet, was ihr empfangt: Leib Christi.«

Das gemeinsame Essen und Trinken wird von Jesus als der symbolische Aufbau seines Leibes gedeutet. Leib meint dabei den Korpus, die Körperschaft der beteiligten Menschen. Die frühen Christen benötigten dafür keinen »geweihten Priester«.

Wenn das so ist und war, darf die Kirche auch keiner Gemeinde das Recht und die Pflicht zur Feier der Eucharistie absprechen, nur weil kein Priester (mehr) zur Verfügung steht. Dann gilt es, über angemessene Formen des Gottesdienstes nachzudenken.

Ein Wortgottesdienst mit angehängter Kommunionspendung ist nur ein schwacher Abglanz des eigentlichen Geschehens, wie es Jesus gestiftet hat – uns zum Nachlass, zum letzten Willen gemacht hat.

Unsere Kirche aber lässt sich viel Zeit. Die Gefahr ist groß, dass der entscheidende Moment versäumt wird und die übernächste Generation – wenigstens bei uns – gar kein Interesse mehr an der Eucharistie hat.

Ein schönes Kreuz

Karfreitag

Da lieferte er ihnen Jesus aus, damit er gekreuzigt würde. Sie übernahmen Jesus. Und er selbst trug das Kreuz und ging hinaus zur sogenannten Schädelstätte, die auf Hebräisch Golgota heißt. Dort kreuzigten sie ihn und mit ihm zwei andere, auf jeder Seite einen, in der Mitte aber Jesus. Da Jesus wusste, dass nun alles vollbracht war, sagte er, damit sich die Schrift erfüllte: Mich dürstet. Ein Gefäß voll Essig stand da. Sie steckten einen Schwamm voll Essig auf einen Ysopzweig und hielten ihn an seinen Mund. Als Jesus von dem Essig genommen hatte, sprach er: Es ist vollbracht! Und er neigte das Haupt und übergab den Geist.

(Joh 19,16–18.28–30)

Viele Kreuzesdarstellungen an hervorgehobenen Orten sind so harmonisiert, dass sie die grausame Folterung, die Jesus am Karfreitag am Kreuz ertragen musste, reduzieren auf das Stillleben »Toter Mann und Holz«. Wir haben uns perfekt an das Kreuz in unserer Umgebung gewöhnt. Wir schauen es an wie jedes andere beliebige Bild oder ein Werbeplakat. Der Skandal des Kreuzes, der brutale Mord, der hier verübt wird, sie verschwinden. Wir leben in guter Harmonie mit dem Kreuz.

Wieso aber musste Jesus jetzt so grausam sterben? Ist ein solches »Verrecken« wirklich notwendig gewesen, um dem Menschen den Glauben an seine Erlösung zu schenken? Hätte Jesus nicht auch im Bett sterben können? Warum musste dieser unfassbar unmenschliche »Weg der Erlösung über das Kreuz« überhaupt sein? Oder, wie viele auch gerne fragen: Warum hat Gott diesen brutalen Mord nicht verhindert?

Jesus von Nazareth ist das Opfer fürchterlichster frühchristlicher menschlicher Gewalt geworden. Jedes Kreuz, kunstvoll geschnitzt und vielleicht einladend in unserer schönen bayerischen Landschaft aufgestellt, ist eine unmissverständliche Botschaft: Eine solche niederträchtige und verabscheuungswürdige Gewalt, alles Leid dieser Welt wird es immer geben auf dieser Erde!

Dieser Mann am Kreuz aber ist nicht irgendwer. Der Sohn Gottes selbst erfährt alles an Leid und Gewalt, an Gottverlassenheit und Verzweiflung, was man sich nur vorstellen kann. Noch im Tode schreit er es heraus: Warum Gott, warum Vater, warum hast du mich verlassen? Aber gerade, weil ER, der da an diesem Kreuz so hängt und schreit, weil ER der Sohn Gottes selbst ist, weil ER nicht irgendwer ist, genau deswegen macht das alles was mit uns!

Nur wenn das Grab leer ist, macht's auch Sinn!

Ostersonntag

Da kam auch Simon Petrus, der ihm gefolgt war, und ging in das Grab hinein. Er sah die Leinenbinden liegen und das Schweißtuch, das auf dem Kopf Jesu gelegen hatte; es lag aber nicht bei den Leinenbinden, sondern zusammengebunden an einer besonderen Stelle. Da ging auch der andere Jünger, der zuerst an das Grab gekommen war, hinein, er sah und glaubte. Denn sie wussten noch nicht aus der Schrift, dass er von den Toten auferstehen musste.

(Joh 20,6–9)

Ist die Osterfreude am Unglauben oder vielleicht gar selber am Coronavirus – wegen der fehlenden Osterfeierlichkeiten in unseren Kirchen – zugrunde gegangen? Lahmt der Osterglaube jetzt noch mehr? Mal ehrlich: So ein vager Ostergedanke (»irgendetwas muss es nach dem Tod ja geben!«), so ein blasses Symbol für eine unbestimmte Hoffnung hilft doch niemandem beim Glauben. Schuldige an diesem Verdunsten des Glaubens sind oft schnell gefunden – wie die fortschreitende »Säkularisierung« und der gar so schlimme Zeitgeist. So zu denken aber ist nur vorschnell und bequem.

»Die Sache Jesu geht weiter!«, sagen manche dann gerne. Aber auch darauf sollte sich unser Osterglaube nicht reduzieren lassen. Das ist einfach zu wenig. Ostern erleben kann nicht bedeuten, nur irgendeine Art existenzieller Betroffenheit zu spüren, weil dieser Jesus einfach weiterleben muss. Da ist kein Trost und keine Freude drin.

Letztlich bleibt es nur ein Etikettenschwindel; man traut es sich nur nicht zuzugeben, dass man eigentlich an eine leibliche Auferstehung Jesu nicht glauben kann oder will. Die alte Ausdrucksweise wird zwar beibehalten, warum auch immer, trotzdem gilt: »Nix gwiss woas ma net.«

»Er ist nicht da!« heißt es dagegen kurz, klipp und klar in den Osterberichten der Evangelien. Sie wollen gerade nicht zum Glauben an die leibliche Auferstehung Jesu zwingen. Sie möchten begeistern für eine ganz persönliche Ehrlichkeit, die glaubhaft von »Auferstehung Jesu« redet und auch wirklich die leibliche Auferstehung Jesu meint. Dass der »Zeitgeist« sich mit dem Glauben an die leibliche Auferstehung schwertut, ist auch den Evangelien nichts Neues.

Der Glaube an die »Auferstehung des Fleisches« als typisch christliche Hoffnung hat seine Wurzeln im jüdischen Glauben. Der ganze Mensch ist von Gott geschaffen mit Leib und Seele, und deshalb auch als Ganzer für das ewige Leben bestimmt.

Aber erst die Osterbotschaft verhalf dem Glauben an die leibliche Auferstehung zum Durchbruch – bis heute, und das, ohne dass jemand im entscheidenden Augenblick dabei gewesen wäre: Jesus ist nicht im Grab geblieben, aber auch nicht einfach ins (irdische) Leben zurückgekehrt. Er ist von den Toten auferstanden.

Und was bringt's? Verändert es was am Lauf der Welt? Macht die Auferstehung des Einen etwas mit den vielen, die davon keine Ahnung haben? Das leere Grab will das sichere Zeichen sein, dass unser Reden von Auferstehung keine bloße fromme Metapher ist, sondern eine neue Wirklichkeit meint.

Ohne diesen Beleg durch die Auferstehung Jesu ist das Osterfeuilleton aber nur ein billiger Trost: »Ist aber Christus nicht auferweckt worden, dann ist unsere Verkündigung leer und euer Glaube sinnlos!«, sagt der Apostel Paulus. Dann bleibt halt nur der ungeheure »vorsprung tod« (Kurt Marti).

*

Wunder des Glaubens

Acht Tage darauf waren seine Jünger wieder versammelt, und Thomas war dabei. Die Türen waren verschlossen. Da kam Jesus, trat in ihre Mitte und sagte: Friede sei mit euch! Dann sagte er zu Thomas: Streck deinen Finger aus – hier sind meine Hände! Streck deine Hand aus und leg sie in meine Seite, und sei nicht ungläubig, sondern gläubig! Thomas antwortete ihm: Mein Herr und mein Gott! Jesus sagte zu ihm: Weil du mich gesehen hast, glaubst du. Selig sind die, die nicht sehen und doch glauben.

(Joh 20,26–29)

Einmal nach seinem Auferstehungsglauben gefragt, bekennt sich Jesus zu seinem Vater: »Er ist doch nicht ein Gott von Toten, sondern von Lebenden.« Der Mensch ist also für ihn von Anfang an zu einem neuen, zu einem anderen Leben, zur Auferstehung bestimmt. Ostern ist die Bestätigung seines Glaubens und gleichzeitig unsere Chance, wie ein Apostel Thomas aus diesem Glauben heraus neu zu leben.

In unserem irdischen Leben sehen wir nur eine Seite, die Vorderseite. Ostern, die Auferstehung Jesu aber eröffnet uns auch den Blick auf die Rückseite und lässt uns daran glauben. Wie die beiden Jünger auf dem Weg nach Emmaus lassen wir uns die Schrift auslegen und uns das Brot brechen, erkennen wir IHN an seinem Wort, in seinem Brot, in der Gemeinschaft als Lebendigen, als einen, von dem wir zum Beginn eines jeden Gottesdienstes bekennen: Er ist mitten unter uns.

Das Heute verändern

Zu Unrecht rühmt ihr euch. Wisst ihr nicht, dass ein wenig Sauerteig den ganzen Teig durchsäuert? Schafft den alten Sauerteig weg, damit ihr neuer Teig seid! Ihr seid ja schon ungesäuertes Brot; denn als unser Paschalamm ist Christus geopfert worden. Lasst uns also das Fest nicht mit dem alten Sauerteig feiern, nicht mit dem Sauerteig der Bosheit und Schlechtigkeit, sondern mit den ungesäuerten Broten der Aufrichtigkeit und Wahrheit!

(1 Kor 5,6–8)

Spürt man eine christliche Zuversicht in unserem Land? Von Aufbruch, von Auferstehung, von Ostern ist doch so wenig da. Aber woran liegt es?

Eine Depression – so lehrt es die Psychologie – lässt sich weder mit Forderungen noch mit Appellen überwinden. Das Dunkel einer Depression braucht das Licht und den positiven Impuls: Beides liegt in der Erfahrung des Ostermorgens: Das Leben hat eine neue Qualität und ist nicht mehr vom Tod bedroht. Jesus lässt sich sehen, und wir können uns mit ihm sehen lassen.

Damit ist eigentlich der Resignation und der Depression die Grundlage entzogen. Es ist kein Raum mehr für Minderwertigkeitsgefühle. Wir brauchen seine und damit unsere Sicht des Menschen, der Welt und der Ereignisse nicht zu verstecken.

Keine Religion der Welt steht so eindeutig für das Leben ein wie das Christentum. Keine religiöse Bewegung unserer Erde stellt sich so klar und eindeutig auf die Seite des Menschen, gleich welcher Hautfarbe er ist, als jene, die durch das Evangelium ausgelöst wurde: Was zählt, ist der Mensch.

Diese besondere Rolle des Menschen wird durch die Auferstehung bestätigt: Der Stein ist weggerollt, der Beton ist aufgebrochen. Diese radikal neue Erfahrung der Jünger wird uns helfen, alle kleinliche Enge und tödliche Angst zu überwinden und gemeinsame Schritte zu tun.

Ostern verkündet uns, dass es nicht darum geht, uns an die Vergangenheit zu fesseln: Unser Heute soll verändert, verwandelt werden. Wenn wir uns mit Jesus sehen lassen, wird er uns jedes Jahr eine Stufe weiterbringen, bis wir für das Leben mit Gott »ausgereift« sind.

Echte Wunder

Durch die Hände der Apostel geschahen viele Zeichen und Wunder im Volk. Alle kamen einmütig in der Halle Salomos zusammen. Von den Übrigen wagte niemand, sich ihnen anzuschließen; aber das Volk schätzte sie hoch. Immer mehr wurden im Glauben zum Herrn geführt, Scharen von Männern und Frauen. Selbst die Kranken trug man auf die Straßen hinaus und legte sie auf Betten und Liegen, damit, wenn Petrus vorüberkam, wenigstens sein Schatten auf einen von ihnen fiel. Auch aus den Städten ringsum Jerusalem strömten die Leute zusammen und brachten Kranke und von unreinen Geistern Geplagte mit. Und alle wurden geheilt.

(Apg 5,12–16)

Dschelaleddin Rumi, der islamische Mystiker, hat gesagt: »Nicht, was Jesus sagte oder tat, ist das Wunder. Das Wunder ist er selbst.«

Aber mit Wundern dieser Art kann unsere Welt nur mehr schwer umgehen. Denn was sich nicht beweisen lässt, existiert ja nicht. Die Wunder des Glaubens müssen mit anderen Augen gesehen werden: »Man sieht nur mit dem Herzen gut« (Antoine de Saint-Exupéry).

Viele einfache Christen finden diesen neuen Zugang zu ihrem Glauben, der nicht mehr abhängig ist von sterilen Glaubenssätzen und umfangreichen Katechismen. Einen Glauben, der aus dem Herzen kommt und deswegen ganz anders sehen und verstehen kann. Wer so aus dem Grunde seines Herzens glaubt, muss Jesus nicht aus dem Unglauben vieler anderer erretten. Er bekennt seinen Glauben durch sein Leben, also durch seine Taten, die Jesus gelebt hat. Er tut das unter der kurzen Formel: »Was ihr für einen der Geringsten getan habt, habt ihr mir getan.«

Das Evangelium, aufgeschrieben etwa 50 Jahre nach dem Osterereignis, kämpft sozusagen handgreiflich gegen den Unglauben der Jünger, beispielhaft dargestellt im Apostel Thomas, und damit auch gegen den entstehenden Unglauben in der zweiten Generation.

Paulus, ein Christ der ersten Generation, der Jesus allerdings persönlich nicht gekannt hat, fragt nicht lange nach der Geschichte und Beweisen. Er setzt für den, den er in seinem Herzen als den Messias, den Gesandten Gottes, erkannt hat, sein Leben ein. Der Glaube lässt ihn sagen: »Ich lebe, aber nicht ich lebe, sondern Christus lebt in mir.«

Wer diesen Satz begriffen hat, braucht sich nicht mehr mit dem Gedanken zu plagen, wer den Verschlussstein am Grab weggeschafft hat. Er braucht sich auch nicht bei der Frage aufzuhalten, ob das Grab nun wirklich leer war oder nicht. Das Wunder der Auferstehung kann nicht von einem Stein verhindert werden, und wäre er noch so groß. Es ist ein Weg in eine völlig andere Dimension, die wir weder mit unseren Augen sehen, noch mit unserem Verstand begreifen können.

Die Mystik Jesu

Am ersten Tag der Woche waren zwei von den Jüngern Jesu auf dem Weg in ein Dorf namens Emmaus, das sechzig Stadien von Jerusalem entfernt ist. Sie sprachen miteinander über all das, was sich ereignet hatte. Während sie redeten und ihre Gedanken austauschten, kam Jesus hinzu und ging mit ihnen. Doch sie waren wie mit Blindheit geschlagen, so dass sie ihn nicht erkannten. Da sagte er zu ihnen: Begreift ihr denn nicht? Wie schwer fällt es euch, alles zu glauben, was die Propheten gesagt haben. Musste nicht der Messias all das erleiden, um so in seine Herrlichkeit zu gelangen? Und er legte ihnen dar, ausgehend von Mose und allen Propheten, was in der gesamten Schrift über ihn geschrieben steht.

(Lk 24,13–16.25–27)

»Jesus öffnete den Seinen die Augen für das Verständnis der Schrift.« Vor und nach Ostern haben Menschen diese Erfahrung gemacht. Wenn dann aber die Bibel, vor allem das Neue Testament als »Begründungsapparat« für die – auch fragwürdigen – Lehren der Kirche benutzt wird, muss das beunruhigen.

Dass Petrus als Erster – vor Johannes – das leere Grab Jesu betreten habe, bestätigt demnach die Hierarchie von oben nach unten, also das Amt in der Kirche und gleichzeitig auch das Papstamt. Geflissentlich aber spielt eine Maria von Magdala keine Rolle, obwohl sie als Erste und noch dazu als Frau nicht nur – wie Petrus – in das leere Grab sah, den Auferstandenen sogar berührte, mit ihm sprach und von ihm den Auftrag bekam: »Geh zu meinen Brüdern.« So hat sie dann auch verkündet: »Ich habe den Herrn gesehen.«

Nur eine gewissenhafte Bibelkritik, die sowohl Hintergrund, Zeitumstände und die Verfasserabsicht mit beleuchtet, klärt hier auf, gräbt diesen Jesus sozusagen aus dem Schutt der Geschichte aus und garantiert so die Zukunft des Christentums. Je klarer seine Konturen sind, desto besser kann sich das Christentum von seiner Wurzel her erneuern.

Christsein kann nicht bedeuten, nur einfach zu glauben, was da vordiktiert wird. Eine Zukunft hat nur, wer auch zur Reife seines eigenen Glaubens gelangt und seine eigenen religiösen Erfahrungen macht. Deswegen bastelt nicht jeder in seiner eigenen Glaubenswerkstatt vor sich hin. Es gibt einen für alle verpflichtenden Maßstab, an dem sich unser Christsein immer messen lassen muss: Die Mystik Jesu. Sie beweist sich im Engagement und in den Taten für andere. Das Leben Jesu ist voll davon und kommt in der Hingabe für die Seinen zum Höhepunkt.

Leonardo Boff bezeichnet Jesu Mystik der offenen Augen und der helfenden Hände als »Zärtlichkeit und Kraft«: Offene Augen sehen Not und Bedrängnis. Sie achten auf die Bedürfnisse von Mitmenschen, bevor noch eine Bitte ausgesprochen wurde. Helfende Hände packen an und tun, was getan werden muss.

Gelegenheiten dazu bietet uns die momentane Weltsituation genug!

Eine spirituelle Heimat haben

Man führte sie herbei und stellte sie vor den Hohen Rat. Der Hohepriester verhörte sie und sagte: Wir haben euch streng verboten, in diesem Namen zu lehren; und siehe, ihr habt Jerusalem mit eurer Lehre erfüllt; ihr wollt das Blut dieses Menschen über uns bringen. Petrus und die Apostel antworteten: Man muss Gott mehr gehorchen als den Menschen. Der Gott unserer Väter hat Jesus auferweckt, den ihr ans Holz gehängt und ermordet habt. Ihn hat Gott als Anführer und Retter an seine rechte Seite erhoben, um Israel die Umkehr und Vergebung der Sünden zu schenken. Zeugen dieser Ereignisse sind wir und der Heilige Geist, den Gott allen verliehen hat, die ihm gehorchen.

(Apg 5,27b–32.40b–41)

Die Kirchen schrumpfen! Bis 2060 werden die Christen in Deutschland nur noch eine Minderheit sein! Statt 44 Millionen katholischer und evangelischer Christen werden es nur noch 22 Millionen sein. Eine glatte Halbierung! Die Gründe sind allbekannt: Überalterung, Austritt, keine Taufen mehr. So zeigt es eine Studie des Freiburger Forschungszentrum »Generationenverträge« auf.

Die österlichen Geschichten – aus der Sichtweise von Frauen und Männern, von Zweiflern und Ängstlichen, von Enttäuschten und Hoffenden – passen perfekt dazu. Sie wollen in der drohenden Verzagtheit geradezu ein tiefes Gefühl von Geborgenheit und Heimatgefühl vermitteln. Der Auferstandene spricht die Menschen mit ihrem Namen an, wird ganz persönlich und zerstreut so bewusst Bedenken und Furcht.

Damit trifft er auf die tiefste menschliche Empfindung, die uns zu eigen ist: Den Wunsch, daheim zu sein, erkannt zu werden, die tiefe Sehnsucht nach Geborgenheit und Heimat, die uns niemand nehmen kann und die doch so schwer zu erfüllen ist.

Heimatlosigkeit – nach wie vor erleiden es heute Millionen (!) – ist bis heute ein Schicksal, das den Menschen zutiefst trifft, nicht zu vergessen die geistliche Heimatlosigkeit. Warum macht es Sinn, einen Glauben zu haben, nach den Vorgaben einer Religion zu leben, sonntags den Gottesdienst miteinander zu feiern, fragen viele Menschen? Antwort: Weil wir neben der irdischen auch eine spirituelle Heimat haben wollen und brauchen, eben einen Raum, der sich auch nach der anderen Seite, der Seite Gottes hin öffnet.

Voller Stolz zeigte einmal ein Vater auf sein mittlerweile zwölf Jahre altes Mädchen und sagte in selbstbestätigendem Brustton: »Wir haben sie nicht taufen lassen, denn sie soll sich einmal selbst für eine Religion entscheiden.« Darauf kam sofort die bittere Antwort des Mädchens: »Aber ihr sagt auch nicht, worum ihr mich gebracht habt!« – Chapeau, kann ich da nur sagen!

Der gute Hirte

In jener Zeit sprach Jesus: Amen, amen, das sage ich euch: Wer in den Schafstall nicht durch die Tür hineingeht, sondern anderswo einsteigt, der ist ein Dieb und ein Räuber. Wer aber durch die Tür hineingeht, ist der Hirt der Schafe. Ihm öffnet der Türhüter, und die Schafe hören auf seine Stimme; er ruft die Schafe, die ihm gehören, einzeln beim Namen und führt sie hinaus. Wenn er alle seine Schafe hinausgetrieben hat, geht er ihnen voraus, und die Schafe folgen ihm; denn sie kennen seine Stimme. Einem Fremden aber werden sie nicht folgen, sondern sie werden vor ihm fliehen, weil sie die Stimme des Fremden nicht kennen. Dieses Gleichnis erzählte Jesus; aber sie verstanden nicht den Sinn dessen, was er ihnen gesagt hatte. Weiter sagte Jesus zu ihnen: Amen, amen, ich sage euch: Ich bin die Tür zu den Schafen. Alle, die vor mir kamen, sind Diebe und Räuber; aber die Schafe haben nicht auf sie gehört. Ich bin die Tür; wer durch mich hineingeht, wird gerettet werden; er wird ein und aus gehen und Weide finden. Der Dieb kommt nur, um zu stehlen, zu schlachten und zu vernichten; ich bin gekommen, damit sie das Leben haben und es in Fülle haben.

(Joh 10,1–10)

Das Bild vom guten Hirten erscheint bis heute gerne sehr klerikal, priesterzentriert: Der Hirte ist alles. Die Schafe bedeuten wenig bis nichts. Zum Problem wurden und sind dabei auch für etliche in der Kirche oder in den Gemeinden »Schwarze Schafe«, die man unter keinen Umständen in der Herde haben möchte. Der Katholizismus soll am besten reinrassig daherkommen. Aber jetzt nur mal rein wirtschaftlich gesehen: Wer kann es sich leisten, 99 Schafe im Stich zu lassen, um das eine zu finden?

In den Gleichnissen Jesu aber geht es nicht um Rechenspiele, sondern um die Barmherzigkeit, um die ungewöhnliche Liebe Gottes. Gott lässt sich so auf den Menschen ein, dass es schon unvernünftig wirkt. Die Gerechten lässt er auf ihrer Weide zurück und sucht den Menschen, der sich verirrt oder in schlimme Situationen verstrickt hat. Mit ihm zusammen und ohne Vorwurf kehrt er voller Freude zur Herde, zu den anderen zurück, und feiert gemeinsam mit allen ein Fest. Gott ist größer als unsere Vernunft und unsere Sorge, sagt das Gleichnis.

Das will nun »Seelsorge« leisten, eben nicht im Pfarrhaus sitzen bleiben, den wohltuenden Weihrauch der Umgebung genießen und dem schlechten Geruch der Menschen ausweichen, die ihn eigentlich nötig hätten. Es gibt sie, diese Menschen, die von Ängsten gezeichnet sind, die verletzt wurden, sogar von sogenannten »guten Hirten«. Es sind Menschen, die beruflich, finanziell oder in ihrer Beziehung schlichtweg überfordert sind. Sie sind für die Seelsorge die wichtigsten. Die 99 Gerechten kommen gut mit sich selbst zurecht. So versteht Papst Franziskus sein Wort vom »an die Ränder gehen«.

Vielleicht gibt das Bild von der Herde es so deutlich nicht wieder, aber nur so ist es gemeint: Die Gemeinschaft aller Glaubenden ist wichtig, eine Gemeinschaft, die offen bleibt für alle auf der Suche, an den »Hecken und Zäunen«.

In dieser Gemeinschaft sind alle gleich, auch wenn einige besondere Aufgaben und Dienste für sie übernehmen. Genau das begründet für Christen, die im Wort und im Geist Jesu stehen wollen, dass es kein »Oben« gibt, weil es auch kein »Unten«geben kann.

Gott und Mensch

Die Werke, die ich im Namen meines Vaters vollbringe, legen Zeugnis für mich ab. Meine Schafe hören auf meine Stimme; ich kenne sie und sie folgen mir. Ich gebe ihnen ewiges Leben. Sie werden niemals zugrunde gehen und niemand wird sie meiner Hand entreißen. Mein Vater, der sie mir gab, ist größer als alle und niemand kann sie der Hand meines Vaters entreißen. Ich und der Vater sind eins.

(Joh 10,25.27–30)

Es wäre absoluter spiritueller Selbstmord, sich stur auf Glaubenssätze zu versteifen. Von Forschern und Erfindern erwarten wir ja auch nicht, dass sie nur alte Erkenntnisse aufwärmen. Sie sollen aus den Erfahrungen der Generationen, auf denen sie stehen, Schritte entwickeln, die die Menschheit vorwärtsbringen. Das gilt auch für die Religion. Daher setzen extreme Fundamentalisten auch alles daran, dass es bei Bibelworten immer nur eine einzige, nämlich ihre und damit die allein wahre Auslegung geben darf.

So ein gefährlicher Satz lautet: »Ich und der Vater sind eins.« Heißt das nun: »Ich und der Vater sind Gott« – oder was sonst?

Leonardo Boff formulierte einmal: »So menschlich wie Jesus kann nur Gott sein. Und da begannen sie, ihn Gott zu nennen.« Unsere Vorfahren im Glauben, die frühen Christen, haben Gott mit dem Menschen auf eine untrennbare Weise zusammengebracht. Das hat es in der Religionsgeschichte noch nie gegeben.

Das ist genau das Besondere des Christentums. Gott ist nicht in fernen Himmeln, er ist nur noch in der Welt anzutreffen. Der Gott, der das Wagnis eingegangen ist, als Jesus Christus Mensch zu werden, ist menschlich. In einem Menschen können und sollen wir Gott erkennen. Das ist die Großtat Gottes für uns: Er hat sich erkennbar, spürbar, greifbar gemacht. Die Gelegenheiten, wo und wie wir Gott begegnen können, sind unendlich, nämlich vor allem in mitmenschlicher Begegnung:

- Ich war hungrig, ihr habt mir ein Stück Brot gereicht.
- Ich war obdachlos, ihr habt für ein Dach überm Kopf gesorgt.
- Ich wurde geschlagen, ihr habt mich in Schutz genommen.
- Ich lebe in schwuler Partnerschaft, ihr habt uns eingeladen.
- Ich war anderer Meinung, ihr habt mich angehört.

Seit Jesus Christus können wir nicht von Gott reden, wenn wir nicht zugleich vom Menschen reden wollten. Oder andersherum: Je mehr wir in unserem Leben »wie Jesus« sind, umso deutlicher wird Gott durch uns sichtbar. Das ist die große Herausforderung des Christentums, denn jede Generation muss ihre Antwort finden. Das ist aber auch der wunde Punkt einer Kirche, die gerne nur in Jahrhunderten denkt und darüber in der Gefahr ist, die Gegenwart zu versäumen.

Nur wo der Widerspruch sich regt, wird Neues in der Welt bewegt

In diesen Tagen, als die Zahl der Jünger zunahm, begehrten die Hellenisten gegen die Hebräer auf, weil ihre Witwen bei der täglichen Versorgung übersehen wurden. Da riefen die Zwölf die ganze Schar der Jünger zusammen und erklärten: Es ist nicht recht, dass wir das Wort Gottes vernachlässigen und uns dem Dienst an den Tischen widmen. Brüder, wählt aus eurer Mitte sieben Männer von gutem Ruf und voll Geist und Weisheit; ihnen werden wir diese Aufgabe übertragen. Wir aber wollen beim Gebet und beim Dienst am Wort bleiben.

(Apg 6,1–4)

In der ersten christlichen Gemeinde gab es einen (vielleicht) ersten, schweren Konflikt. Eine Minderheit fühlt sich benachteiligt, will aber nicht schmollen und leiden, sondern erhebt offen Einspruch. Die Gemeinschaft findet die Lösung in den sieben Diakonen, sichert so der frühen Kirche einen neuen Dienst und schafft damit ein neues Amt.

Heute können Gemeinden nicht mehr wie gewohnt seelsorgerlich versorgt werden. Es bräuchte eigentlich gar nicht allzu viel Phantasie, nur ein wenig Risikobereitschaft, um zu besseren Lösungen zu kommen. Die Urkirche hatte noch diesen Mut, das Wagnis, einen neuen Weg zu gehen.

Auslöser der Veränderung war und ist der Widerspruch, der nichts Negatives sein will, sondern etwas Kostbares, Mutiges. Er findet sich nicht einfach mit Tatsachen ab, denn sonst werden diese zu Sachzwängen und damit die Sachen gezwungenermaßen wichtiger als der Mensch.

Darum muss sich Widerspruch regen, denn Widerspruch ist Energie, Leben und Wachstum. Widerspruchsloses Abnicken aber bringt nur Erstarrung und Tod. Auch Jesus war kein frommer Harmonisierer, sondern lebendiger Widerspruch. Konsequent wandte er sich den Menschen zu, stellte sie in ihren Systemen in Frage, hat gestört und verstört und war so höchst unbequem und gefährlich für das politisch-religiöse System.

In der Kirche wird Widerspruch gerne nur als etwas Negatives diffamiert. Aber nur wo Nein gesagt werden kann, ist auch ein ernsthaftes Ja möglich, bleiben wir offen für Neues, Ungewohntes, was uns vorwärtsbringen will und kann. Widerspruch ist nicht einfach ein Hemmschuh, sondern er unterbricht, betrachtet eine Situation neu, um dann vielleicht auch einen noch unbekannten Weg zu gehen.

Ohne Widerspruch wäre die Urkirche damals zerbrochen, zu einer Sekte unbeweglicher Menschen verkommen. Der Widerspruch der Benachteiligten aber hat die Gemeinde offen gemacht für alle Zeiten. Ohne den Dienst des Diakons ist eine Kirche seitdem unvorstellbar. Genauso wenig gäbe es diese unsere Kirche heute in der Welt ohne den sozialen und solidarischen Aspekt des Diakonats.

Widerspruch muss also nicht zwingend zerstören, sondern kann zu Lösungen führen, die oft weit besser sind als das ewige »Weiter so!« in den gewohnten Gleisen.

Lieben,
nicht tauschen!

Als Judas hinausgegangen war, sagte Jesus: Jetzt ist der Menschensohn verherrlicht und Gott ist in ihm verherrlicht. Wenn Gott in ihm verherrlicht ist, wird auch Gott ihn in sich verherrlichen und er wird ihn bald verherrlichen. Meine Kinder, ich bin nur noch kurze Zeit bei euch. Ein neues Gebot gebe ich euch: Liebt einander! Wie ich euch geliebt habe, so sollt auch ihr einander lieben. Daran werden alle erkennen, dass ihr meine Jünger seid: wenn ihr einander liebt.

(Joh 13,31–33a.34–35)

»Love is the message and the message is love« – singen Arthur Baker & The Backbeat Disciples. Von nichts anderem redet Jesus von Nazareth. Alles, jedes kleinste Gesetz muss sich diesem Maßstab stellen und daran überprüfen lassen, ob es überhaupt noch gültig sein kann.

In 2000 Jahren haben großartige Menschen, Frauen und Männer, durch ihr Leben beispielhaft diese Liebe Gottes verkündet und den wunderschönen Dreiklang der Liebe gelebt, der eben keinen Unterschied macht zwischen der Liebe zu Gott und dem Nächsten wie zu sich selbst.

Das Christentum kennt in seiner Geschichte auch die negative Schlagseite, genauso wie im Islam und im orthodoxen Judentum. Der Anspruch der Liebe aber bleibt:

Lieben heißt, auf den Menschen zu hören, und wahrzunehmen, was Menschen erleiden und erleben, was sie ersehnen und erhoffen, welche Bedürfnisse sie antreiben. Das Ziel der Liebe ist immer der ganze Mensch.

Gerade weil die Liebe nicht aus unserer Welt kommt, wie das Evangelium sagt, überspringt sie alle Regeln und Gebote. Das macht die Liebe auf den ersten Blick zwar leicht, dennoch ist und bleibt es auch schwer, zu lieben, weil die Liebe letztlich bedingungslos ist.

Vor allem aber ist echte Liebe niemals ein Tauschgeschäft mit Forderungen (»Wenn du mich liebst, dann ...«), denn so beginnt immer Gewalt. Liebe entsteht Tag für Tag neu – oder sie stirbt. Wenn wir uns fragen, warum liebe ich diesen Menschen, wird es viele Antworten geben. Gibt es am Ende keine Antwort mehr und spürt man dennoch die Liebe, dann ist es die wahre Liebe.

Wenn Christen dem Weg Jesu im Evangelium folgen, bestätigen sie die Offenbarung, dass Liebe und Freundschaft möglich sind und dass jeder von uns so frei ist, um zu lieben. Mag sie noch so sehr im alltäglichen Gebrauch mit allem Möglichen behängt und beladen sein, sie ist, was sie ist: Geschenk Gottes.

Religion braucht ...
frische Luft

Von da an begann Jesus zu verkünden: Kehrt um!
Denn das Himmelreich ist nahe. Als Jesus am
See von Galiläa entlangging, sah er zwei Brüder,
Simon, genannt Petrus, und seinen Bruder And-
reas; sie warfen gerade ihr Netz in den See, denn
sie waren Fischer. Da sagte er zu ihnen: Kommt
her, mir nach! Ich werde euch zu Menschen-
fischern machen. Sofort ließen sie ihre Netze
liegen und folgten ihm nach. Als er weiterging,
sah er zwei andere Brüder, Jakobus, den Sohn
des Zebedäus, und seinen Bruder Johannes; sie
waren mit ihrem Vater Zebedäus im Boot und
richteten ihre Netze her. Er rief sie und sogleich
verließen sie das Boot und ihren Vater und folgten
Jesus nach.

(Mt 4,17–21)

Das Evangelium Jesu braucht die freie Luft. Darum predigte Jesus gerne im Freien, am See, auf einer Wiese oder auf einem Berg. Die Menschen waren von seiner Botschaft begeistert.

Wenn also die Verkündigung – im übertragenen Sinn jetzt – ohne frische Luft bleibt, kommt die Botschaft auch verbraucht, muffig und eng daher, auch wenn man es sich im geschlossenen Raum natürlich viel leichter sehr gemütlich einrichten kann: Kein frischer Wind, nicht einmal ein Luftzug stört die Behaglichkeit.

Für die Menschen seiner Zeit, vor allem für die religiöse Oberschicht, war Jesus daher ein Störenfried, weil er für frische Luftzufuhr sorgte. Um den Preis der Stubenwärme machte die Kirche immer wieder lieber dicht, bis plötzlich in ungewohnter Weise der Geist Gottes durch die Mauern bläst, die man doch für absolut sicher hielt. Berühmtestes Beispiel: Papst Johannes XIII, als er in einer zeichenhaften Geste ein Fenster des Vatikans weit öffnete und so demonstrativ das II. Vatikanische Konzil einleitete.

Gerade weil der Geist weht, wo er will, stellt er ein hohes Risiko dar. Wer den Geist Gottes zulässt, weiß nicht, wohin die Fahrt geht. Zum Glück sind im Christentum von Anfang an demokratische Elemente zugrundegelegt. Das bedeutet, es kann, es muss sich in der Kirche viel verändern, wenn sie auf die Fragen der Menschen wie der Zeit eine Antwort geben will.

Eine unveränderliche Religion bedeutet nämlich nicht nur Erstarrung, sondern im Endergebnis sogar Fundamentalismus; eine Einstellung, die sich bis zu Gewalttaten steigern kann, nur um das Rechthaben brutal durchzusetzen. Eine unveränderliche Kirche stellt sich eben nicht selbst in Frage, sondern behauptet nur unentwegt: Die anderen sind schuld.

Es geht um nicht weniger als um den Frieden, einen Frieden, der durch Offenheit, Zuwendung, Achtsamkeit, vor allem aber durch Gerechtigkeit entsteht.

Lebt so, dass man euch fragt

Brüder! Haltet in eurem Herzen Christus, den Herrn, heilig! Seid stets bereit, jedem Rede und Antwort zu stehen, der nach der Hoffnung fragt, die euch erfüllt; aber antwortet bescheiden und ehrfürchtig, denn ihr habt ein reines Gewissen. Dann werden die, die euch beschimpfen, weil ihr in der Gemeinschaft mit Christus ein rechtschaffenes Leben führt, sich wegen ihrer Verleumdungen schämen müssen. Es ist besser, für gute Taten zu leiden, wenn es Gottes Wille ist, als für böse. Denn auch Christus ist der Sünden wegen ein einziges Mal gestorben, er, der Gerechte, für die Ungerechten, um euch zu Gott hinzuführen; dem Fleisch nach wurde er getötet,

dem Geist nach lebendig gemacht.

(1 Petr 3,15–18)

Unter den verschiedenen Methoden, Menschen den christlichen Glauben zu vermitteln, beschreibt der erste Petrusbrief die erfolgreichste: Höre hin und antworte dem, der dich nach dem Grund deines Glaubens und deiner Hoffnung fragt. Vor allem: Antworte unaufdringlich und mit großem Respekt.

Beides ist gleich wichtig: Die Glaubwürdigkeit des einzelnen Christen und seines Glaubens ebenso wie die ganze christliche Gemeinde vor Ort. Alle zusammen geben der Kirche ihre Bedeutung. Nicht das Bauwerk zählt, nicht die bloße äußere Form einer prachtvollen Liturgie. Die Menschen sind es. Die Ortskirchen sind es. Aus ihnen heraus lebt die Kirche, und nicht etwa umgekehrt. Auch der stärkste Baum fällt, wenn seine Wurzeln vertrocknen.

Die kleinen, manchmal sehr bescheidenen Gemeinden vor Ort sind der eigentliche Schatz der Kirche. Wer diesen Schatz ignoriert, indem er auf den Priestermangel keine Antwort wissen will, neue Wege im Stil zentraler Gestaltungswut einfallslos blockiert oder zu verbohrt ist, um prophetische Visionen zuzulassen, der macht die ganze Kirche im spirituellen Sinn armselig.

Die Menschen erwarten wie im Petrusbrief eine Antwort auf Augenhöhe, nicht von oben herab. Sie wollen ernst genommen werden. Dazu aber müssen die Ortsgemeinden zunächst die Hörenden sein und auf die Fragen ihrer Zeitgenossen warten können: »Warum feiert ihr euren Gottesdienst so?« – »Wie sieht euer soziales Engagement aus?« – »Warum fühlen sich Außenstehende bei euch angenommen und aufgehoben?« Es sind Fragen, die eher nebensächlich erscheinen, dann aber doch in ihren Antworten sehr schnell zum Kern der Frohen Botschaft führen. »Lebe vom Evangelium das, was du davon verstanden hast«, rief Roger Schutz (Prior und Gründer von Taizé, † 2006) den jungen Menschen zu, »und sei es noch so wenig!«

Begegnungsräume können nur in der Nähe und in aller Freiwilligkeit entstehen. Nur dort haben das Suchen und Fragen, das Leben der Menschen ihren Platz. Dort gibt es dann auch tragfähige Antworten im Miteinander und Füreinander. So war das immer schon seit Jesus von Nazareth.

»Vater, ich will!«

Ich bitte nicht nur für diese hier, sondern auch für alle, die durch ihr Wort an mich glauben. Alle sollen eins sein: Wie du, Vater, in mir bist und ich in dir bin, sollen auch sie in uns sein, damit die Welt glaubt, dass du mich gesandt hast. Und ich habe ihnen die Herrlichkeit gegeben, die du mir gegeben hast, damit sie eins sind, wie wir eins sind, ich in ihnen und du in mir. So sollen sie vollendet sein in der Einheit, damit die Welt erkennt, dass du mich gesandt hast und sie ebenso geliebt hast, wie du mich geliebt hast. Vater, ich will, dass alle, die du mir gegeben hast, dort bei mir sind, wo ich bin. Sie sollen meine Herrlichkeit sehen, die du mir gegeben hast, weil du mich schon geliebt hast vor Grundlegung der Welt.

(Joh 17,20–24)

Es ist eine einzige große Fürbitte. Jesus wendet sich an Gott, den er seinen Vater nennt, und bittet nicht nur für seine Jünger. Er bittet für alle, die an ihn glauben; für alle, die seiner Botschaft, seinem neuen Weg folgen wollen. Im Gebet Jesu geht es vor allem um die Einheit, um das Miteinander, um das Füreinander.

Für uns sind die Fürbitten im Gottesdienst vor der Bereitung der Gaben ein selbstverständliches Ritual, viel zu oft zu »durchstandardisiert«!

Als ginge es darum, Gott über die Not, das Unglück, das Elend eines Menschen zu unterrichten, so wie wir Menschen es gegenseitig tun. Das müsste er aber doch alles schon wissen! Oder das Anliegen, die Not eines Menschen soll einfach mal in eine andere Welt verlagert werden: Gott, der in unseren Gebeten vorschnell als »allmächtig« angeredet wird, darf es gefälligst richten.

Letztlich aber wollen richtige Fürbitten, nicht nur im Gottesdienst, immer beides: Darauf aufmerksam machen, wo wir selber gefragt sind, was wir selber tun können. Wir sollen gefälligst dabeibleiben und uns nicht davor drücken oder entziehen: Trösten, raten, tragen, ertragen, , teilen, mitteilen.

Aber auch dort, wo wir überfordert sind, dürfen wir getrost mit Gott in eine Auseinandersetzung eintreten über das Leid eines Menschen, das wir schmerzlich wie ein eigenes Leid empfinden. Wie der Apostel Thomas berühren wir so die Wunden Jesu, weil es auch unsere Wunden sind. Alles ist erlaubt vor Gott: das Bitten, das Klagen – und manchmal sogar das Fluchen.

Jedes Gespräch hat die Aufgabe, loszulassen, was nicht zu ändern ist. In der Auseinandersetzung mit Gott erkennen wir unsere Grenzen. Was wir nicht lösen und erlösen können, lassen wir bei ihm los. Wir überlassen das Leid und die Not Gott. Und trotzdem stoßen wir in einem solchen Ernstfall auch an die Grenzen unseres Glaubens, vor allem dann, wenn wir erleben müssen, dass Gott nicht so funktioniert, wie wir uns das wünschen. Nicht selten geschieht dann durch unsere Offenheit, dass Gott auf eine ganz andere als die gedachte oder erwünschte Art und Weise in unser Leben lösend, erlösend einbricht.

»Spiritualität bedeutet, dass wir Glück für uns und andere schaffen«, so ein Wort des 14. Dalai Lama. Die Fürbitte ist ein solcher Weg der geistlichen Verbindung, um für das Glück oder wenigstens für die Zuversicht und Bestärkung des Nächsten da zu sein.

Mit dem Herzen sehen

Christi Himmelfahrt

Jesus sagte zu ihnen: Euch steht es nicht zu, Zeiten und Fristen zu erfahren, die der Vater in seiner Macht festgesetzt hat. Aber ihr werdet Kraft empfangen, wenn der Heilige Geist auf euch herabkommen wird; und ihr werdet meine Zeugen sein in Jerusalem und in ganz Judäa und Samarien und bis an die Grenzen der Erde. Als er das gesagt hatte, wurde er vor ihren Augen emporgehoben und eine Wolke nahm ihn auf und entzog ihn ihren Blicken. Während sie unverwandt ihm nach zum Himmel emporschauten, siehe, da standen zwei Männer in weißen Gewändern bei ihnen und sagten: Ihr Männer von Galiläa, was steht ihr da und schaut zum Himmel empor? Dieser Jesus, der von euch fort in den Himmel aufgenommen wurde, wird ebenso wiederkommen, wie ihr ihn habt zum Himmel hingehen sehen.

(Apg 1,7–11)

Die Apostelgeschichte erzählt, dass Jesus von einer Wolke aufgenommen wurde. Es ist dasselbe Symbol wie im Alten Testament, das hier verwendet wird. Jesus bleibt zwar künftig den Augen der Menschen verborgen. Er ist in die Herrlichkeit Gottes aufgenommen worden, aber er ist seinem Volk nahe.

Ein Indianer stellte einmal fest, die Weißen hätten die tiefe Erfahrung durch das Sehen verloren, weil sie zu viel sehen würden, aber eben nicht das Wesentliche erkennen.

Die Jünger und Jüngerinnen Jesu sehen in den Himmel und erkennen im Schauen ihren Auftrag auf der Erde. Sie träumen nicht von einem Wolkenkuckucksheim. Sie verstehen die Botschaft der Wolke und des Himmels. Wir könnten auch von religiöser Erfahrung sprechen, die sie im Augenblick der so genannten Himmelfahrt machen. Doch gilt für diese Art von Erfahrungen: »Wer sehen will, muss die Augen schließen« (Paul Gauguin). Mit dem Herzen sehen, sagt Antoine de Saint-Exupéry.

Die Erfahrung, das ist die Begegnung mit etwas, das man bisher noch nie so erlebt hat. Die Jünger verlieren Jesus aus den Augen, erfahren aber offenbar dadurch etwas ganz Neues für ihr Leben. Dieses Neue greift in ihr Leben ein, verändert es. In der Zeit, da sie mit Jesus gingen, handelte er. Jetzt liegt es an ihnen, seine Botschaft in den Mund zu nehmen und mit Hand und Fuß zu bekennen.

Den Frauen und Männern um Jesus ist buchstäblich ihr Auftrag in den Schoß gefallen. Jetzt liegt es ganz allein bei ihnen, was sie daraus machen. Heute, 2000 Jahre später, sehen wir, was daraus geworden ist. Lässt man jetzt mal die ganze Kirchengeschichte, positiv wie negativ, beiseite, erkennt man, was wirklich zählt:

Das Evangelium ist so jung und so lebendig wie eh und je.

Vorzüglich

In jener Zeit erhob Jesus seine Augen zum Himmel und sprach: Vater, die Stunde ist da. Verherrliche deinen Sohn, damit der Sohn dich verherrlicht. Denn du hast ihm Macht über alle Menschen gegeben, damit er allen, die du ihm gegeben hast, ewiges Leben schenkt. Das ist das ewige Leben: dich, den einzigen wahren Gott, zu erkennen und Jesus Christus, den du gesandt hast. Ich habe dich auf der Erde verherrlicht und das Werk zu Ende geführt, das du mir aufgetragen hast. Vater, verherrliche du mich jetzt bei dir mit der Herrlichkeit, die ich bei dir hatte, bevor die Welt war. Ich habe deinen Namen den Menschen offenbart, die du mir aus der Welt gegeben hast. Sie gehörten dir, und du hast sie mir gegeben, und sie haben an deinem Wort festgehalten. Sie haben jetzt erkannt, dass alles, was du mir gegeben hast, von dir ist. Denn die Worte, die du mir gegeben hast, gab ich ihnen, und sie haben sie angenommen. Sie haben wirklich erkannt, dass ich von dir ausgegangen bin, und sie sind zu dem Glauben gekommen, dass du mich gesandt hast. Für sie bitte ich; nicht für die Welt bitte ich, sondern für alle, die du mir gegeben hast; denn sie gehören dir. Alles, was mein ist, ist dein, und was dein ist, ist mein; in ihnen bin ich verherrlicht. Ich bin nicht mehr in der Welt, aber sie sind in der Welt, und ich gehe zu dir.

(Joh 17,1–11a)

Es ist ein ganz besonderes Ereignis, wenn man ein ausgezeichnetes Zeugnis ausgestellt bekommt und dann schwarz auf weiß lesen kann, was man bei den anderen für einen Eindruck hinterlassen hat, ihnen wert ist.

Kurz vor Ende der Osterzeit bekommen wir im Johannesevangelium unser gemeinsames Zeugnis, unsere Empfehlung an den Vater mit eindeutig lobenden Worten überreicht. Es ist ausgesprochen positiv und sehr wohlwollend: Wir haben genau den richtigen Weg gewählt mit unserer Entscheidung für diesen Jesus von Nazareth: Wir haben ihn erkannt, an seinem Wort festgehalten und den Glauben angenommen.

Das ist die Beurteilung über uns. Von uns Menschen ist hier die Rede, uns, die wir zu Christus als dem Herrn gehören, an allen Orten und zu allen Zeiten – alle sind wir gemeint.

In diesen Abschiedsreden Jesu tritt Christus selbst für uns als Mittler und Fürsprecher beim Vater ein und stellt uns das beste Zeugnis aus, das man sich vorstellen kann: Ich kann sie dir nur empfehlen!

Mit diesem Zeugnis sind uns Tür und Tor geöffnet. Wie sollten wir da jemals beim Vater abblitzen? Bei einem solchen Zeugnis kann es nur noch einen positiven Bescheid auf unsere Bewerbung geben. Wenn das keine Motivation für ein engagiertes Leben hier auf dieser Welt ist!

Geist Gottes

Hochfest Pfingsten I

Darum rufe ich dir ins Gedächtnis: Entfache die Gnade Gottes wieder, die dir durch die Auflegung meiner Hände zuteilgeworden ist! Denn Gott hat uns nicht einen Geist der Verzagtheit gegeben, sondern den Geist der Kraft, der Liebe und der Besonnenheit. Schäme dich also nicht des Zeugnisses für unseren Herrn und auch nicht meiner, seines Gefangenen, sondern leide mit mir für das Evangelium! Gott gibt dazu die Kraft: Er hat uns gerettet; mit einem heiligen Ruf hat er uns gerufen, nicht aufgrund unserer Taten, sondern aus eigenem Entschluss und aus Gnade, die uns schon vor ewigen Zeiten in Christus Jesus geschenkt wurde; jetzt aber wurde sie durch das Erscheinen unseres Retters Christus Jesus offenbart. Er hat den Tod vernichtet und uns das Licht des unvergänglichen Lebens gebracht durch das Evangelium, als dessen Verkünder, Apostel und Lehrer ich eingesetzt bin.

(2 Tim 1,6–11)

Einen ganz wichtigen Aufruf dazu macht der Apostel Paulus, geschrieben aus dem Gefängnis (!!) in Rom, gerichtet an seinen Schüler Timotheus, der im Begriff ist zu resignieren: »Gott hat uns nicht einen Geist der Verzagtheit gegeben, sondern den Geist der Kraft, der Liebe und der Besonnenheit.« Paulus denkt gar nicht daran, wie so manch namhafte Persönlichkeiten unserer Kirche angesichts der Coronapandemie, mit Verschwörungstheorien und Untergangsszenarien zu verunsichern. Er dagegen rüttelt auf, ermutigt und will für das Leben begeistern. Angstnarkose ist kein Rezept gegen Missbrauchsfälle, dramatischen Kirchenschwund und nun auch noch drohenden Kirchensteuerwegfall durch Corona.

Wer aus dem Geist der Kraft und nicht der Verzagtheit lebt, der duckt sich nicht weg, wenn es um den notwendigen Umbau innerer Strukturen zur Fortführung unserer Seelsorge geht. Die Vorgaben stehen doch fest: Der Sabbat ist für den Menschen da, die Eucharistie für die Gläubigen, und nicht der Priester für die Eucharistie, so wie der Mensch auch nicht für den Sabbat. Nehmen wir doch einfach Jesu Worte wirklich ernst!

Geist der Liebe? Natürlich werden Caritas und Diakonie auch staatlich reichlich unterstützt. Die Kirchen organisieren und betreiben sie. Warum sollte sich der Staat da raushalten? Schutzbedürftige Geschöpfe Gottes sind doch alle und nicht nur die Gläubigen. Und nur im Geist der Liebe werden die Laien (»laos«, Volk Gottes) wirklich erst ernst genommen als die eine wahre Kirche und nicht bloß als lästiger Notnagel abgetan.

Und es ist der Geist der Besonnenheit, der nicht kurzatmig auf andersdenkende Menschen in Politik, Wirtschaft und Kultur reagieren lässt. Unbeirrt und besonnen den Weg Jesu Christi zu gehen, meint, stets mit der Gegenwart Gottes und seines Geistes zu rechnen. Es gibt keinen Grund zu Defätismus, aber es braucht gute Sachargumente für unser Auftreten in den entscheidenden Schaltstellen in Kirche, Politik, Publizistik, Wirtschaft und Wissenschaft.

Angelus Silesius drückt es mahnend so aus: »Mensch, alles was Du willst, ist schon zuvor in Dir. Es liegt nur an dem, dass Du es nicht wirkst herfür.«

»Komm Heiliger Geist!«

Hochfest Pfingsten II

Der Herr aber ist der Geist; wo aber der Geist des Herrn ist, da ist Freiheit. Wir alle aber schauen mit enthülltem Angesicht die Herrlichkeit des Herrn wie in einem Spiegel und werden so in sein eigenes Bild verwandelt, von Herrlichkeit zu Herrlichkeit, durch den Geist des Herrn.

(2 Kor 3,17-18)

An Pfingsten flehen wir den Hl. Geist an, ja zu uns zu kommen. Aber, wehe, wenn sich etwas verändert in unserem Leben, in unserer Kirche! Dann heißt es sehr schnell: Das hat jetzt aber gar nichts mit dem Hl. Geist zu tun, sondern ist das Ergebnis eines massiven Werteverfalls in der Gesellschaft!

Wir täten gut daran, diesen Heiligen Geist nicht ständig als unverbindliche Floskel, soz. als Alibi für unser Nichts-Tun (»Der Heilige Geist wird's schon richten!«) abzuhaken. Welcher Geist bitteschön? Ist es wirklich Gottes Geist, der sich da auf unseren Kanzeln, an unseren Mikrofonen und Bildschirmen, in Hirtenbriefen und bischöflichen Verlautbarungen zu Wort meldet? Oder sind es doch nur verbrämte, verzierte menschliche Wörter?

Der Apostel Paulus macht dazu eine ganz klare Ansage:

Gott ist Geist; wo aber der Geist Gottes ist, da ist Freiheit. Also, dann leben wir doch diese Freiheit:

Gute, alte Wege und Zeiten müssen nicht unbedingt zum Ziel führen. Es braucht immer auch neue Wege, für jede Generation, für jede Kirche, damit die Vergangenheit uns nicht wie ein Klotz am Bein hängt und am Vorwärts- und Weiterkommen hindert.

Viele Gebote, Gesetze und Regeln haben ihre Zeit – und damit auch ein Verfallsdatum. Sie müssen ständig an der Liebe und der Mitmenschlichkeit überprüft werden: Was ist wirklich gut oder schlecht, richtig oder falsch, hilfreich oder hinderlich, menschlich oder unmenschlich?

Echte Eigenverantwortlichkeit bringt mehr an Leben als einfach vorschnell andere als Sündenböcke auszumachen. Besser ist es, den Wind zu prüfen, bewusst die Segel zu setzen, jeden Tag neu zu lernen aus den Erfahrungen von Gestern und so im Heute zu leben.

Wir sind keine willenlose Wetterfahne, sondern für unser Klima selbst zuständig, für alle Hochs und Tiefs, sind füreinander da wie Sonne, Wärme und ein erfrischender Regen. Seien wir daher gut zu uns selbst, denn nur wer sich selbst etwas wert ist, kann auch für andere wertvoll, liebenswert sein, kann teilen und verschenken, was er hat, und erschafft so ein Fundament, auf dem auch andere aufbauen können.

Dann kann sich das Neue an unserer Zeit durchsetzen: Brüderlichkeit, Gewaltfreiheit, Friede. Es ist alles schon da, es liegt alles nur an uns!

Drei Sichtweisen des einen Gottes

Dreifaltigkeitssonntag I

Denn Gott hat die Welt so sehr geliebt, dass er seinen einzigen Sohn hingab, damit jeder, der an ihn glaubt, nicht verloren geht, sondern ewiges Leben hat. Denn Gott hat seinen Sohn nicht in die Welt gesandt, damit er die Welt richtet, sondern damit die Welt durch ihn gerettet wird. Wer an ihn glaubt, wird nicht gerichtet; wer nicht glaubt, ist schon gerichtet, weil er nicht an den Namen des einzigen Sohnes Gottes geglaubt hat.

(Joh 3,16–18)

Auf drei Wegen kommt Gott nach unserem Glauben und den Zeugnissen der Schrift uns entgegen: als Schöpfer des Universums, in Jesus von Nazareth und als Geist Gottes. Damit offenbart sich ein ferner, gewaltiger Gott als nahe und menschenfreundlich. Keine andere Religion hat es gewagt, die Güte und das Erbarmen Gottes so konsequent bis auf unsere Ebene herabzubringen.

Diese drei Wege nennt die Kirche gerne die »drei Personen« Gottes und feiert sogar ein eigenes Fest dafür am Sonntag nach Pfingsten. Drei Personen wären nach unserem Verständnis aber drei voneinander getrennte Personen, die nur unter dem Gesichtspunkt, dass jeder ein Mensch ist wie der andere, zusammengebracht werden können.

Die Christen aber meinten damit immer schon, dass der eine Gott uns sozusagen auf drei Weisen gegenübertritt und zu uns spricht: Durch das Wort seiner Schöpfung, durch das Leben und Wort Jesu Christi und durch die eigene Fantasie des Geistes. Diese Begegnung findet in unserem Innersten statt und möchte zeigen, woher wir kommen und wohin wir gehen.

Es ist ein oft vernachlässigter Weg, darum tun sich viele schwer mit diesem Fest. Man achtet einfach zu wenig auf sein Innerstes und lässt sich zu viel vom Außen beeinflussen, das von Regeln und Gesetzen bestimmt ist, die manchmal sehr geistfeindlich daherkommen. Das Innen aber ist frei und wird allein durch die Kraft der Liebe geführt. Glaube und Liebe sind die intimsten Bereiche eines Menschen, die niemand von außen steuern kann und darf.

Jörg Zink beschreibt die Dreifaltigkeit als drei Klangräume, Felder, die uns diesen einen Gott vermitteln: Das All der Welt mit dem Gesang der Gestirne um uns und den Liedern der Natur ganz in unserer Nähe; Jesus Christus, der die Worte Gottes in unser Leben übersetzt; und der Klangraum unserer Seele, in dem Gottes Stimme hörbar wird: ein Gott, drei Erfahrungen – Dreifaltigkeit.

Strömendes Geheimnis der Liebe

Dreifaltigkeitssonntag II

Wenn aber jener kommt, der Geist der Wahrheit, wird er euch in der ganzen Wahrheit leiten. Denn er wird nicht aus sich selbst heraus reden, sondern er wird reden, was er hört, und euch verkünden, was kommen wird. Er wird mich verherrlichen; denn er wird von dem, was mein ist, nehmen und es euch verkünden. Alles, was der Vater hat, ist mein; darum habe ich gesagt: Er nimmt von dem, was mein ist, und wird es euch verkünden.

(Joh 16,13–15)

Es geht um das unbeschreibliche Geheimnis, das wir »Gott« nennen und das irgendwie »nie verstehbar« und »nie einholbar« wirkt. Dennoch – so das Zeugnis der Hl. Schrift –, dieser Gott der Offenbarung ist kein kaltes, abstraktes, gewaltiges Etwas jenseits aller menschlichen Dimension.

Während ich darüber nachdenke, sitze ich auf einer Terrasse und schaue in die Sonne. Ich muss die Augen sofort schließen, ertrage den direkten Blick in die Sonne nicht; sie ist viel zu stark trotz Sonnenbrille. – Der Gott des Alten und Neuen Bundes ist so ein maßlos strahlender Gott, voll glühender Dynamik; man kriegt ihn nicht einfach zu Gesicht, während er dennoch ständig die Grenzen von der Ewigkeit zur Zeit hin durchbricht. Diesen Gott darf ich »Vater« nennen, auch mit geschlossenen Augen, auch wenn Verstand und Phantasie versagen, einfach nur, weil er es will.

Langsam spüre ich die Wärme der Sonnenstrahlen auf meiner Haut. Dieses gewaltige Gestirn berührt mich jetzt ganz zärtlich. Da ist keine vernichtende Glut mehr, nur Sanftheit, wie streichelnde Hände. Es erinnert sofort an altägyptische Darstellungen, wo die Sonnenstrahlen an ihren Enden Hände haben, die die Geschöpfe streicheln. – Das Ewige Wort, der Sohn, der »Gott-mit-uns«, dieser Jesus Christus, die unendliche Liebe rückt mir ganz nahe bis hinein in meine Armseligkeit meines Lebens und Sterbens.

Um mich herum erlebe ich eine blühende Natur, spüre den leichten Wind, höre fröhliches Kinderlachen. In allem steckt die Energie dieser Sonne drin, die alle biologischen Vorgänge durchdringt. – So wirkt Gott, der Unendliche, als ein einziges Verströmen und Zuwenden wie die Sonne als Energiequelle für die ganze Schöpfung, für alles, was da lebt. Der Geist des Herrn erfüllt den Erdkreis. Selbst in die dunklen Schatten unseres Lebens, in Schuld, Angst und Leid wirkt er hinein.

So wie das glühende Gestirn Sonne, sein sanfter Strahl und seine überall präsente Energie eins sind, so sind auch Vater, Sohn und Geist eins: Gott als ein dreifaltig strömendes Geheimnis der Liebe.

Kuchen statt Brot?

Fronleichnam

Denn ich habe vom Herrn empfangen, was ich euch dann überliefert habe: Jesus, der Herr, nahm in der Nacht, in der er ausgeliefert wurde, Brot, sprach das Dankgebet, brach das Brot und sagte: Das ist mein Leib für euch. Tut dies zu meinem Gedächtnis! Ebenso nahm er nach dem Mahl den Kelch und sagte: Dieser Kelch ist der Neue Bund in meinem Blut. Tut dies, sooft ihr daraus trinkt, zu meinem Gedächtnis! Denn sooft ihr von diesem Brot esst und aus dem Kelch trinkt, verkündet ihr den Tod des Herrn, bis er kommt.

(1 Kor 11,23–26)

»Warum sehen die Menschen hier denn so unglücklich aus?«, soll die französische Königin Marie-Antoinette einmal gefragt haben, als sie mit ihrer Kutsche spazieren fuhr. »Majestät, sie haben kein Brot mehr!«, gab man ihr zur Antwort. Und ganz erstaunt fragte darauf die Königin: »Und warum essen sie dann keinen Kuchen?«

Wer noch mit Kuchen rechnen kann, der wird die Not der Menschen kaum verstehen. Ohne Kuchen kann man leben, wem aber selbst das Brot zum Leben fehlt, dem fehlt am Ende alles.

Die, die um das Brot bangen müssen, die wissen das. Wer aber zwischen den verschiedensten Kuchensorten wählen kann, der muss sich immer wieder bewusst machen, welche Bedeutung das Brot für uns hat.

An Fronleichnam gehen wir mit einem Stück Brot auf die Straßen unseres Lebens. Es muss skurril wirken für den, der das Geschehen dahinter nicht kennt oder versteht: Jesus bricht Brot und verteilt es an die Menschen. Und er sagt, dass er für die Menschen wie dieses Brot ist. Er macht damit deutlich, dass wir ihn genauso brauchen wie die tägliche Nahrung.

Wer wenig Probleme hat, mag dies leicht vergessen. Vielleicht geht es uns da ganz ähnlich wie der Königin mit ihrem Kuchen …

Gott allein genügt

In jener Zeit, als Jesus die vielen Menschen sah, hatte er Mitleid mit ihnen; denn sie waren müde und erschöpft wie Schafe, die keinen Hirten haben. Da sagte er zu seinen Jüngern: Die Ernte ist groß, aber es gibt nur wenig Arbeiter. Bittet also den Herrn der Ernte, Arbeiter für seine Ernte auszusenden. Dann rief er seine zwölf Jünger zu sich und gab ihnen die Vollmacht, die unreinen Geister auszutreiben und alle Krankheiten und Leiden zu heilen. Diese Zwölf sandte Jesus aus und gebot ihnen: Geht nicht zu den Heiden, und betretet keine Stadt der Samariter, sondern geht zu den verlorenen Schafen des Hauses Israel. Geht und verkündet: Das Himmelreich ist nahe. Heilt Kranke, weckt Tote auf, macht Aussätzige rein, treibt Dämonen aus! Umsonst habt ihr empfangen, umsonst sollt ihr geben.

(Mt 9,36–38.10,5–8)

Wir rühmen uns damit, Gott auf unserer Seite zu haben, ist der Apostel an diesem Sonntag überzeugt und ergänzt noch: Verdanken tun wir das Jesus Christus. Eine heilige Theresa von Avila bringt es dann 1500 Jahre später auf die kürzest denkbare Formel: Sólo Dios! Basta! – Gott allein genügt.

Aber genügt das wirklich? Der Limburger Bischof und jetzige Vorsitzende der Deutschen Bischofskonferenz Georg Bätzing stellte zu Recht die Frage, wo denn heute eigentlich noch die Berührungspunkte sind, die die Menschen mit der Kirche noch haben und der sie doch Monat für Monat ihr Geld geben. Braucht's dann noch mehr oder andere Angebote als nur zu sagen, wir haben Gott an unserer Seite?

Natürlich geht es nicht darum, Gott ständig im Munde zu führen. Wer dauernd von Gott redet, mag ihn vielleicht im Kopf haben; aber er muss ihn nicht auch in seinem Herzen haben. Er redet viele Wörter, aber er macht keine Erfahrungen.

Simone Weil ist darum fest davon überzeugt: »Nicht an der Art und Weise, wie jemand von Gott spricht, sehe ich, ob jemand die göttliche Liebe erfahren hat, sondern an der Art und Weise, wie jemand von den täglichen Dingen spricht.«

Steht Gott also an unserer Seite, haben wir an der Seite der Menschen zu stehen, sonst hat er sich schnell auf und davon gemacht. Der Berührungspunkt ist immer der Mensch. Auch angesichts zahlreicher Beschwernisse, die Kirche und Glaube heute erleben müssen, eine glaubwürdige Verkündigung kann nicht bedeuten, zu klagen. Ermutigung zum Aufbruch, die Bereitschaft, zu eng gewordene Wege zu verlassen, neue unbekannte Pfade zu bilden und v. a. Gottes offene Pläne mit uns nicht zu übersehen – das alles bringt uns zu den Menschen.

Angst ist keine Gottesfurcht

In jener Zeit sprach Jesus zu seinen Aposteln: Fürchtet euch nicht vor den Menschen! Denn nichts ist verhüllt, was nicht enthüllt wird, und nichts ist verborgen, was nicht bekannt wird. Was ich euch im Dunkeln sage, davon redet am hellen Tag, und was man euch ins Ohr flüstert, das verkündet von den Dächern. Fürchtet euch nicht vor denen, die den Leib töten, die Seele aber nicht töten können, sondern fürchtet euch vor dem, der Seele und Leib ins Verderben der Hölle stürzen kann. Verkauft man nicht zwei Spatzen für ein paar Pfennig? Und doch fällt keiner von ihnen zur Erde ohne den Willen eures Vaters. Bei euch aber sind sogar die Haare auf dem Kopf alle gezählt. Fürchtet euch also nicht! Ihr seid mehr wert als viele Spatzen. Wer sich nun vor den Menschen zu mir bekennt, zu dem werde auch ich mich vor meinem Vater im Himmel bekennen.

Wer mich aber vor den Menschen verleugnet, den werde auch ich vor meinem Vater im Himmel verleugnen.

(Mt 10,26–33)

Kein Spatz fällt auf die Erde »ohne den Willen eures Vaters!« Wir sind alle in Gottes Hand! Das sind sehr schöne Sätze aus dem morgigen Evangelium, aber losgelöst und so als absolut gültig hingestellt, sind auch sie mit großer Vorsicht zu verwenden. Einem Menschen, der einen großen Verlust in seinem Leben erfahren hat, mit dem großen Sinn Gottes zu kommen und ihn damit trösten zu wollen, ist gefährlicher Unfug.

Religiöse Aussagen sind immer Beziehungsaussagen, die Menschen in einer ganz bestimmten Situation ansprechen, und dürfen daher nie einfach nur absolut genommen werden. Der Evangelist versucht hier, seine jüdische Gemeinde aufzurichten, die inmitten ihrer Missionsversuche immer wieder Rückschläge erleidet, von Ausgrenzung bis Verfolgung.

Klar, Nachfolge Jesu kann auch Kreuzesnachfolge bedeuten. Auch Jesus hat vor Angst geschrien – aber zu seinem Vater! Keine Angst haben zu müssen, bedeutet daher in dieser Sprache nicht Beschwichtigung und Beruhigung, sondern Ermutigung und Zuspruch: »Nein, Du musst kein Held sein, sei einfach nur Du selbst und lebe das vom Evangelium, was Du kannst, das genügt« (Roger Schutz, Taizé).

Die Angst im Leben wird immer unser Begleiter sein, sie ist eine fixe Marke unserer Existenz, und die Evangelien sprechen diese Ängste ganz unverhohlen an. Die ersten Jünger waren Menschen wie wir. Die Botschaft der Erlösung aber ist ein echtes Angstüberwindungsprogramm. So hat sich Jesus in seiner Angst ganz an seinem Vater festgemacht, er war sein einziger Halt, er konnte nichts mehr verlieren, selbst nicht in der Todesangst. Der Apostel Paulus ruft uns später zu: Wer kann gegen uns sein, wenn Gott doch an unserer Seite ist?

Im Gegensatz zur Angst, die bedrohte Menschen in dieser Welt immer haben müssen, kennt der gläubige Mensch die ehrliche Gottesfurcht. Das ist keine Angst, sondern die Gewissheit, dass er in einer tiefen inneren, ehrfürchtigen Verbindung mit Gott steht, die ihm die Lebensangst zwar nicht einfach wegnimmt, aber irgendwie ertragen und aushalten lässt. So wird diese zierliche, zerbrechliche und ständig bedrohte menschliche Existenz überstiegen und kann sich ganz und gar in Gott selbst festmachen. Das nennt man dann Vertrauen.

»Ene, mene, muh, und raus bist Du!«

Denn alle seid ihr durch den Glauben Söhne Gottes in Christus Jesus. Denn ihr alle, die ihr auf Christus getauft seid, habt Christus angezogen. Es gibt nicht mehr Juden und Griechen, nicht Sklaven und Freie, nicht männlich und weiblich; denn ihr alle seid einer in Christus Jesus. Wenn ihr aber Christus gehört, dann seid ihr Abrahams Nachkommen, Erben gemäß der Verheißung.

(Gal 3,26–29)

Ein einfacher Abzählreim genügt, und schon ist alles wieder geordnet.

So auch bei den Galatern in der Lesung: Nein, sie wollten keine Juden in ihre Gemeinschaft aufnehmen. Paulus aber wehrt sich – heute würde man »Paulus 2.0« dazu sagen – mit einem Abzählvers ganz anderer Art. Er zählt so auf, dass alle plötzlich drin sind und eben nicht draußen:

Christen aus dem Juden- und Heidentum; Sklaven, die auf Freiheit hofften; ihre Herren und die Frauen, die hier bei den Christen endlich anerkannt werden. Niemand wird ausgeschlossen. Die Gemeinde bestimmte ihre Aufgaben, je nach Begabung. Wer sonst?

Die Entwicklung in unserer Kirche ging dann aber quer zu diesem Text. Unterschiede wurden konstruiert zwischen Frauen und Männern, Klerikern und Laien, Machthabern und solchen, die brav zuarbeiten dürfen. Bis heute wird z. B. noch vornehmlich auf das Geschlecht eines Jesus von Nazareth verwiesen, um zu begründen, dass nur Männer Priester werden können!

Eine Kirche mit Zukunft aber kann es nur geben, wenn sie sich viel deutlicher am Urgemeinde-Denken orientiert und eben keine Kluft zwischen der gesellschaftlichen Entwicklung und der kirchlich-seelsorglichen und mitmenschlichen Begleitung zulässt. Mit Argumenten aus dem 18. und 19. Jahrhundert kann aber heute keine ansprechende Seelsorge mehr gemacht werden. Wie für einen Apostel Paulus gilt es für die Kirche heute, dass wir als Zeitgenossen zu Zeitgenossen zu sprechen haben! Und er betont den sog. Kairos, also den rechten Augenblick, in dem dann die richtige Entscheidung fallen muss. Damals vertraute man jedenfalls darauf, dass dieser Moment direkt von Gott kommt und nicht versäumt werden darf.

Dies geschieht aber unweigerlich, solange man an Strukturen festhält, die eine moderne Seelsorge und Verkündigung des Evangeliums erschweren, behindern oder gar unmöglich machen – und dies auch noch angesichts der großen Herausforderungen der Gegenwart. Eine solche Kirche steht eben nicht mehr im Lebenskreis der Gesellschaft, und immer öfter heißt es dann auch für sie: ene, mene muh – und raus bist Du!

Mehr lieben oder nachfolgen?

In jener Zeit sprach Jesus zu seinen Aposteln: Wer Vater oder Mutter mehr liebt als mich, ist meiner nicht würdig, und wer Sohn oder Tochter mehr liebt als mich, ist meiner nicht würdig. Und wer nicht sein Kreuz auf sich nimmt und mir nachfolgt, ist meiner nicht würdig. Wer das Leben gewinnen will, wird es verlieren; wer aber das Leben um meinetwillen verliert, wird es gewinnen. Wer euch aufnimmt, der nimmt mich auf, und wer mich aufnimmt, nimmt den auf, der mich gesandt hat. Wer einen Propheten aufnimmt, weil es ein Prophet ist, wird den Lohn eines Propheten erhalten. Wer einen Gerechten aufnimmt, weil es ein Gerechter ist, wird den Lohn eines Gerechten erhalten. Und wer einem von diesen Kleinen auch nur einen Becher frisches Wasser zu trinken gibt, weil es ein Jünger ist – amen, ich sage euch: Er wird gewiss nicht um seinen Lohn kommen.

(Mt 10,37–42)

Familie steht ganz oben auf der Wertetabelle, auch in modernen Zeiten wie heute. Die Sehnsucht nach der großen Idylle und intakten, problemlosen Beziehungen ist ungebrochen groß. Da kommt einem ein Single wie Jesus heute schon etwas in die Quere mit solchen Worten wie: »Wer Vater oder Mutter, Sohn oder Tochter mehr liebt als mich, ist meiner nicht würdig.«

Jesus von Nazareth spricht öfters so paradox, widersprüchlich und anstößig, um gerade auf diesem Weg zu einer neuen, vielleicht tieferen Sicht nach der einen wie nach der anderen Seite zu kommen. Er ist kein Familientherapeut. Es geht ihm in erster Linie um ein neues Reden von Gott! Aber auch um des Reiches Gottes willen ist es wichtig, wegzugehen, aufzubrechen, nach draußen zu gehen, und wäre es nur, um zu sehen, was es sonst noch im Angebot des Lebens gibt. Die Reich-Gottes-Botschaft sprengt den familiären Rahmen, lädt alle ein, schließt niemanden aus, sondern lässt alle zu, die den Weg des Evangeliums für sich als richtig erkannt haben. Und dieser Weg liegt nun mal draußen.

Die Familie ist der Raum, in dem das Leben eingeübt und Erfahrungen gesammelt werden können, positiv wie negativ, und will gerade nicht ein ausschließlicher Ort sein, wo man mehr geliebt wird als alles andere. So wäre sie eher glatter Missbrauch als das wahre Leben. Darum gibt sie Raum frei für eine neue Gemeinschaft, die keinen Menschen ausgrenzt und ausschließt. Wo abgewiesen, ausgegrenzt, exkommuniziert wird, lebt und handelt man am Geist und am Wort Jesu vorbei. Man liebt dann die alten Beziehungen mehr als das neue, offene Leben, das ganz schön fordernd und anstrengend sein kann.

Die Familie Gottes lässt den Menschen in einer größeren Einheit leben, Beziehungen knüpfen, Erfahrungen sammeln und auch das Kreuz annehmen, das eigene wie das der anderen tragen und ertragen helfen. Dazu darf man nicht auf seinen Altlasten sitzen bleiben und muss verstehen lernen, dass in jede Gemeinschaft ständig investiert werden muss: Liebe, Geduld, Versöhnungsbereitschaft und Gelassenheit genauso wie der Mut, neue Wege zu suchen, wenn wir in eine Sackgasse geraten.

Als Befreite leben

Zur Freiheit hat uns Christus befreit. Steht daher fest und lasst euch nicht wieder ein Joch der Knechtschaft auflegen. Denn ihr seid zur Freiheit berufen, Brüder und Schwestern. Nur nehmt die Freiheit nicht zum Vorwand für das Fleisch, sondern dient einander in Liebe! Denn das ganze Gesetz ist in dem einen Wort erfüllt: Du sollst deinen Nächsten lieben wie dich selbst! Wenn ihr aber einander beißt und fresst, dann gebt Acht, dass ihr nicht einer vom anderen verschlungen werdet! Ich sage aber: Wandelt im Geist, dann werdet ihr das Begehren des Fleisches nicht erfüllen! Denn das Fleisch begehrt gegen den Geist, der Geist gegen das Fleisch, denn diese sind einander entgegengesetzt, damit ihr nicht tut, was ihr wollt. Wenn ihr euch aber vom Geist führen lasst, dann steht ihr nicht unter dem Gesetz.

(Gal 5,1.13–18)

An der Glaubensrechnerei, was muss ich Gott geben, damit er mir gibt, was ich will, die letztlich ein Zeichen von Unfreiheit und Unreife ist, leiden Menschen immer, solange es Glauben gibt. Die religiöse Enge und Knechtschaft aber ist keinesfalls nur für das Christentum typisch. Alle Religionen leiden unter solchen Festmachungen. Aber in keiner Religion gibt es einen so deutlichen Aufruf zur Freiheit, so wie wir ihn vom Apostel Paulus hören: Jesus Christus hat uns zur Freiheit befreit, und wir haben diese Freiheit noch lange nicht ausgeschöpft.

Freiheit ist immer auch die Freiheit des anderen. Sie ist ständig gefährdet, wenn das Andere bzw. der Andere Angst macht: Hautfarbe, sexuelle Prägung, Lebensstil bis hin zu Überzeugungen und Entscheidungen. Das alles kann Vorurteile und Ängste bei uns schüren.

Wer aber von Freiheit redet, muss auch von Toleranz reden. Toleranz zu üben, bedeutet, dem Anderen Freiheit zu lassen, aber nicht Gleichgültigkeit oder unkritisches Zulassen, gleich, was geschieht. Wenn Freiheit missbraucht wird, gilt es gegenzusteuern.

Freiheitsliebe ist eine Fähigkeit, sich bereichern zu lassen. Offenheit gegenüber anderen Religionen kann unser Gottesbild vor gefährlicher Engstirnigkeit bewahren – und: man gewinnt immer wechselseitig. Ausgrenzung – jeglicher Art – aber schafft nicht nur Leiden; sie erzeugt Gewalt, letztlich sogar Mord und Totschlag.

Zudem liefert sich der, der andere ausgrenzt, selber einer Form der Einsamkeit aus, denn jeder andere Mensch hat uns etwas zu sagen. Das zuzulassen ist eine Form der Freiheit, die wir uns schenken sollten. Wir können nur gewinnen, wenn wir den Anderen achten. Wenn wir gar lernen, wie es Jesus rät, den Anderen zu lieben, haben wir einen Mitmenschen gewonnen. Das ist kein einfacher Weg, weil es immer Enttäuschungen geben wird, wenn Menschen aufeinandertreffen. Aber an uns sollte es nicht liegen.

Wo kein Zugang ist, ist kein Leben.

In jener Zeit sprach Jesus: Ich preise dich, Vater, Herr des Himmels und der Erde, weil du all das den Weisen und Klugen verborgen, den Unmündigen aber offenbart hast. Ja, Vater, so hat es dir gefallen. Mir ist von meinem Vater alles übergeben worden; niemand kennt den Sohn, nur der Vater, und niemand kennt den Vater, nur der Sohn und der, dem es der Sohn offenbaren will. Kommt alle zu mir, die ihr euch plagt und schwere Lasten zu tragen habt. Ich werde euch Ruhe verschaffen. Nehmt mein Joch auf euch und lernt von mir; denn ich bin gütig und von Herzen demütig; so werdet ihr Ruhe finden für eure Seele. Denn mein Joch drückt nicht und meine Last ist leicht.

(Mt 11,25–30)

Gewiss, auch Jesus hat vom Kreuztragen geredet und es selber getragen; das Leid war ihm nicht fremd. Aber das Leben ist eben nicht nur Leid, Zwang und Druck. Es ist auch Feier und Fest. Denken wir nur an die Hochzeit zu Kana. Im Evangelium sagt uns Jesus, dass er uns die schweren Lasten und die Plackerei abnehmen will – Ruhe verschaffen, eine Pause machen lassen, eine Atempause gönnen, so wie es beispielsweise bei einem Fest geschieht oder mit einem kleinen Geschenk, das man sich vielleicht nur selber macht.

»Mein Joch ist sanft und meine Bürde leicht«, sagt er und meint mit dieser Redewendung »ein Joch auf sich nehmen« – wie es die Hl. Schrift versteht –, dass man die Vorschriften oder Lehren eines anderen zu übernehmen hat. Das Joch Jesu aber heißt nun Frohe Botschaft.

Bei ihm ist keine Rede vom ständigen Verzichten, vom immerwährenden Kreuztragen, vom ewigen »du darfst nicht!« und »du sollst nicht!« Unter seinem kurzen Wort werden ganz schnell etliche kirchliche Vorschriften überflüssig.

So wie im Märchen von »Dornröschen« bekanntlich der Königssohn die Braut wachküsst, wünschen sich heute viele in der Kirche, dass Jesus mit seinem Wort das Dornengestrüpp und das Dickicht kirchlicher Hindernisse durchbricht und die Kirche mit seinem Friedensgruß aufweckt. So kann sein Evangelium wieder als eine große Einladung zum Fest verkündet werden, das für alle ausgerichtet wird. Schließlich geht es um den Vorgeschmack des Himmels auf Erden und nicht um Höllendrohungen für eine ganze Ewigkeit.

Ohne Zweifel hat Jesus den Weg ins Reich Gottes freigemacht. Dann aber liegt es jetzt an uns, dass die Hecken nicht mehr zuwachsen und die Disteln übermannsgroß werden können. Es gilt, mutig, unbeirrt und beständig kleinzuhalten, was am Weg Jesu behindern kann, und dafür den Weg des Evangeliums freizuhalten für uns und die kommenden Generationen.

»Ihr seid eine neue Schöpfung!«

Ich aber will mich allein des Kreuzes Jesu Christi, unseres Herrn, rühmen, durch das mir die Welt gekreuzigt ist und ich der Welt. Denn es gilt weder die Beschneidung etwas noch das Unbeschnittensein, sondern: neue Schöpfung. Friede und Erbarmen komme über alle, die diesem Grundsatz folgen, und über das Israel Gottes. In Zukunft soll mir niemand mehr solche Schwierigkeiten bereiten. Denn ich trage die Leidenszeichen Jesu an meinem Leib. Die Gnade Jesu Christi, unseres Herrn, sei mit eurem Geist, meine Brüder und Schwestern! Amen.

(Gal 6,14–18)

… und wir haben es noch dazu in der Hand!! Paulus bezieht ganz eindeutig Position, weil in der jungen Kirche erneut der Versuch gemacht wird, die Menschen in Klassen einzuordnen, und wäre es nur durch das geheiligte Bundeszeichen der Beschneidung.

Der indische Jesuit Anthony de Mello schreibt: »Nimm dich vor Wörtern in Acht! Auch eine Speisekarte wird nicht euren Hunger stillen und eine Formel nicht euren Durst.«

Manchmal muss uns das Neue Testament wie eine Speisekarte vorkommen. Die Gäste im Restaurant »Kirche« studieren zwar ihren Inhalt sorgfältig Zeile für Zeile, bestellt wird aber dann etwas, das gar nicht auf der Karte steht. Hinter den Worten und Wörtern muss der Sinn stehen, die Erfüllung, sonst wären sie höchst gefährlich.

»Verschwiegene Wahrheiten machen giftig«, nannte das Karl Rahner. Nicht nur die Lügen vergiften unsere Welt. Weit schlimmer ist es, wenn nur Teile der Wahrheit verbreitet, andere Teile aber geflissentlich unterdrückt werden. Es geht um die Grenzen in der Kirche, die ausschließen, Fähigkeiten bestreiten und Berufungen verhindern. Nicht das Programm ist falsch. Der Plan Jesu stimmt, so wie ihn Paulus verstanden hat.

Aber verstehen wir, die »Nachfolger«, ihn richtig? Sicherlich nicht, wenn wir den Glauben zu einer Gesetzes-Religion machen; wenn neue Grenzen aufgerichtet werden, die ein Apostel Paulus schon niederreißen wollte; wenn die alte Liturgie, die eine reine Priesterliturgie ist, fröhliche Urständ feiert, bei der das Volk Gottes nur eine Statistenrolle spielt; wenn das allgemeine Priestertum, das durch Taufe und Firmung begründet ist, letztlich nur Makulatur ist.

»Es gibt nicht mehr Mann und Frau, denn ihr alle seid ›einer‹ in ChristusJesus« (Gal 3,28). Mogeln wir uns bitte nicht länger an solchen Worten, die das Evangelium Jesu in die Gemeinden übersetzen, vorbei.

Blühende Phantasie

An jenem Tag verließ Jesus das Haus und setzte sich an das Ufer des Sees. Da versammelte sich eine große Menschenmenge um ihn. Er stieg deshalb in ein Boot und setzte sich; die Leute aber standen am Ufer. Und er sprach lange zu ihnen in Form von Gleichnissen. Er sagte: Ein Sämann ging aufs Feld, um zu säen. Als er säte, fiel ein Teil der Körner auf den Weg, und die Vögel kamen und fraßen sie. Ein anderer Teil fiel auf felsigen Boden, wo es nur wenig Erde gab, und ging sofort auf, weil das Erdreich nicht tief war; als aber die Sonne hochstieg, wurde die Saat versengt und verdorrte, weil sie keine Wurzeln hatte. Wieder ein anderer Teil fiel in die Dornen, und die Dornen wuchsen und erstickten die Saat. Ein anderer Teil schließlich fiel auf guten Boden und brachte Frucht, teils hundertfach, teils sechzigfach, teils dreißigfach. Wer Ohren hat, der höre!

(Mt 13,1–9)

Immer die gleichen Geschichten, immer die gleichen Fehler, aber auch die gleichen Erfolge. »Ein Sämann ging aufs Feld, um zu säen …«. Was kann und soll es da noch Neues geben? Doch es geht immer um das Reich Gottes, und Gott selbst ist der Sämann, der mit offenen, weitherzigen Händen das Saatgut ausstreut und kein moralischer Zeigefinger ist zu sehen.

Ein verantwortungsvoller Landwirt, der auf jedes Körnchen achtet und zufrieden ist, dass seine neu erworbene Sämaschine das Saatgut gleichmäßig, in vorgewählter Menge und in die richtige Tiefe in den vorbereiteten Boden einbringt, kann hier nur verzweifelt den Kopf schütteln. Der Mann aus Galiläa aber streut das Saatgut nicht nur auf den kleinen Acker. Er wirft die wertvollen Körner auf den Weg neben den kleinen Bodenparzellen, in die Felsen hinein und unter die Dornen. Da braucht er sich nicht zu wundern, wenn nichts wächst.

Jedes Jahr aber gibt es auch für alle diese Geschichte und die gleiche Chance. Niemand wird dafür bestraft, wenn er im Vorjahr wie ein harter Fels gelebt hat, die Saat in ihm vielleicht nach kurzer Begeisterung verdorrte, die guten Absichten wieder mal im Überfluss von Erfolg oder Sorgen wie in einem Dornengestrüpp erstickten.

Der Gott Jesu erscheint als ein schlechter Landwirt, der scheinbar nichts dazulernt, der nicht rechnet und berechnet, der nach wie vor schenkt und gibt. Etwas von dieser Leichtfertigkeit des Sämanns aber gilt es zu lernen. Zumindest im Blick auf das Reich Gottes, das keine perfekten Sämaschinen braucht, sondern Menschen mit seiner Frohen Botschaft treffen und betreffen will. Wenn in diesem Jahr die gute Saat unterwegs zertrampelt wird oder von schlimmen Vögeln aufgefressen wird, dann vielleicht nächstes Jahr? Das Reich Gottes ist mit Befehlen und Forderungen, mit Erzwingen und krampfhaftem Machen, operativer Hektik anstatt blühender Phantasie nicht zu gewinnen. Alles wächst ganz leise und unscheinbar. Auf einmal – und das ist die große Überraschung – ist es einfach da.

Kirche braucht unbedingt mehr von dieser Gelassenheit. Das ständige Jammern und Klagen über schlechte Wegbedingungen, harte Felsbrocken und dichte Dornenhecken, das Jammern über Glaubensschwund, Zeitgeist, Atheismus, Materialismus und Relativismus; das Klagen wegen des Bösen in der Welt, Gewalt und Krieg, wegen der Verletzung der Menschen- und Christenrechte bringen dem Acker mit Sicherheit keine Frucht.

Die Saat des Friedens und der Gewaltlosigkeit, der Hingabe und der Solidarität, der Toleranz und der Vergebung verspricht 30-, 60-, ja hundertfache Frucht. In diesem Moment haben die Zuhörer der Predigt Jesu sich richtig gefreut, haben zu träumen begonnen von einem Reich Gottes, das offenbar doch ganz anders ist.

Also: Bitte mitfreuen!

Samaritanische Achtsamkeit

Und Jesus erzählte dieses Gleichnis: Ein Mann ging von Jerusalem nach Jericho hinab und wurde von Räubern überfallen. Sie plünderten ihn aus und schlugen ihn nieder; dann gingen sie weg und ließen ihn halbtot liegen. Zufällig kam ein Priester denselben Weg herab; er sah ihn und ging vorüber. Ebenso kam auch ein Levit zu der Stelle; er sah ihn und ging vorüber. Ein Samariter aber, der auf der Reise war, kam zu ihm; er sah ihn und hatte Mitleid, ging zu ihm hin, goss Öl und Wein auf seine Wunden und verband sie. Dann hob er ihn auf sein eigenes Reittier, brachte ihn zu einer Herberge und sorgte für ihn. Und am nächsten Tag holte er zwei Denare hervor, gab sie dem Wirt und sagte: Sorge für ihn, und wenn du mehr für ihn brauchst, werde ich es dir bezahlen, wenn ich wiederkomme. Wer von diesen dreien meinst du, ist dem der Nächste geworden, der von den

Räubern überfallen wurde? Der Gesetzeslehrer antwortete: Der barmherzig an ihm gehandelt hat. Da sagte Jesus zu ihm: Dann geh und handle du genauso!

(Lk 10,30–37)

Kirchliche Verlautbarungen und Verordnungen werden meistens mit einer sehr frommen und langatmigen Ernsthaftigkeit betrieben, die auf viele von uns sehr unnahbar wirkt. Ein – nicht unberechtigter – Vorwurf im Missbrauchsskandal in unserer Kirche wird oft genannt: Der Kirche geht's doch eh nur um ihr eigenes Erscheinungsbild, ihr Ego, aber viel weniger um den Menschen, der da wirklich leidet. Täterschutz geht vor Opferfürsorge, heißt dann die Formel kurz und bündig.

Das Evangelium vom barmherzigen Samariter – immerhin ein Stück Weltliteratur – spricht da eine ganz andere Sprache. Der Samariter hier kümmert sich nur um das Nächstliegende, er sorgt sich um den Darniederliegenden, und zwar sofort, ohne Wenn und Aber, ohne fromme oder unfromme Ausreden.

Gerade die fromme Ernsthaftigkeit aber ist ein Widerspruch in sich. Sie legt sich selber lahm, macht zum spontanen Handeln unfähig. Sie geht buchstäblich am Menschen vorüber, der unter die Räuber gefallen ist. Starre Vorstellungen, Riten und Regeln verhindern, dass das Menschliche zum Zuge kommt.

Wahre Frömmigkeit aber kann nur größere Achtsamkeit dem Menschen gegenüber bedeuten und nur sie verhilft zu einer tieferen Lebendigkeit. Auf die Frage: »Wer ist mein Nächster?« antwortet Jesus daher mit: »Der, der da vor dir auf dem Boden liegt!«

Um ihn nicht zu übersehen, braucht es die Wachheit für alles, was um uns vorgeht. Sie aber ist es auch, die zum Widerspruch gegen verhärtete Strukturen in einem achtlosen Miteinander reizt – und berechtigt.

*

Weder Sieger noch Verlierer

Euch aber, die ihr zuhört, sage ich: Liebt eure Feinde; tut denen Gutes, die euch hassen! Segnet die, die euch verfluchen; betet für die, die euch beschimpfen! Dem, der dich auf die eine Wange schlägt, halt auch die andere hin und dem, der dir den Mantel wegnimmt, lass auch das Hemd! Gib jedem, der dich bittet; und wenn dir jemand das Deine wegnimmt, verlang es nicht zurück! Und wie ihr wollt, dass euch die Menschen tun sollen, das tut auch ihr ihnen!

(Lk 6,27–31)

Es gibt zwei Methoden, um gegen das Böse in der Welt vorzugehen. Man kann es mit Stärke bekämpfen und es zu vernichten versuchen, um sich dann etwas sicherer zu fühlen. Die absolute Sicherheit gibt es trotzdem nie, sagen Experten.

Dieser »Mythos der erlösenden Gewalt« wirkte schon immer seit Menschengedenken wie eine Reinigung und Befreiung, bis in unsere Tage. Aber Gewalt erlöst niemals. Gewalt erzeugt immer Gegengewalt!

Das Evangelium geht einen anderen Weg, den Weg der Gewaltlosigkeit. Er hat absolut nichts mit Passivität oder Feigheit zu tun, auch wenn man ihm das immer vorwerfen wird, denn er wehrt sich genauso, nur eben anders, indem er – gewaltlos – das Unrecht bloßstellt.

Jesus hat daher immer Gegengewalt und Passivität abgelehnt. Und sein Weg funktioniert: Er beginnt damit, zuerst dem Anderen zuzuhören, nicht immer recht haben zu müssen und sich vor allem nicht ständig einreden zu lassen, wer angeblich mein Feind ist, sondern auch ihn als von Gott geliebten Sohn oder Tochter anzuerkennen.

Der Unterschied zur anderen Methode: Hier bleibt niemand als Sieger und Verlierer zurück. Dem Bösen wird der Boden entzogen. Denn Gottes Geist weht eben nur dort, wo der Mensch Gott auch im Anderen erkennen will. Und es waren immer einzelne Menschen, die durch solch mutige und gewaltlose Taten Großes in Bewegung gesetzt haben.

Lasst beides wachsen!

Jesus legte ihnen ein anderes Gleichnis vor: Mit dem Himmelreich ist es wie mit einem Mann, der guten Samen auf seinen Acker säte. Während nun die Menschen schliefen, kam sein Feind, säte Unkraut unter den Weizen und ging weg. Als die Saat aufging und sich die Ähren bildeten, kam auch das Unkraut zum Vorschein. Da gingen die Knechte zu dem Gutsherrn und sagten: Herr, hast du nicht guten Samen auf deinen Acker gesät? Woher kommt dann das Unkraut? Er antwortete: Das hat ein Feind getan. Da sagten die Knechte zu ihm: Sollen wir gehen und es ausreißen? Er entgegnete: Nein, damit ihr nicht zusammen mit dem Unkraut den Weizen ausreißt. Lasst beides wachsen bis zur Ernte und zur Zeit der Ernte werde ich den Schnittern sagen: Sammelt zuerst das Unkraut und bindet es in Bündel, um es zu verbrennen; den Weizen aber bringt in meine Scheune!

(Mt 13,24-30)

Jesus von Nazareth geht ganz anders mit dem Unkraut um als die religiösen Lehrer seiner Zeit. Die Gurus der alten wie der neuen Zeit sind radikal, sie verlangen das Sofort, das entweder Alles oder Nichts. Für sie ist alles nur schwarz oder weiß. Bei Jesus aber entdeckt man bei aller Eindeutigkeit und Klarheit eine wohltuende Gelassenheit und eine geradezu göttliche Geduld. Er ermuntert seine eifrigen Jünger: Lasst euch Zeit! Die Schnellschüsse aus dem Handgelenk sind eben nicht immer die besten.

Denn die eigentliche Frage des Evangeliums lautet nämlich: Was ist überhaupt Unkraut? In der Schöpfung gibt es jedenfalls kein Unkraut, hier hat alles seinen Platz und seine Bedeutung. Erst der Mensch greift gestaltend ein. Oder ist ein mit Korn- und Mohnblumen durchsetztes Roggenfeld – entgegen aller Kosten- und Nutzenrechnung des Menschen – nicht einfach schön? Der Volksmund sagt daher zu Recht: Dem Fröhlichen ist jedes Unkraut eine Blume, dem Pessimisten ist jede Blume ein Unkraut.

Für Jesus aber hat alles seinen Platz. Was im Sinne des Reiches Gottes Unkraut ist, das ist noch nicht entschieden, jedenfalls nicht so, als dass der Mensch in der Rolle eines mächtigen Obergärtners schon kurz nach dem Keimen entscheiden könnte, was für das Reich Gottes taugt und was nicht.

Wie viel Fehlentwicklung und Unheil sind durch solch absolute Urteile wie »aus dem wird nichts!« oder »bei dem ist Hopfen und Malz verloren« angerichtet worden. Einfache Raster wie »hier Weizen, dort Unkraut« und menschliche Erbsenzählerei lange vor der göttlichen Ernte übersehen ganz einfach, was still darauf wartet, überhaupt erst entdeckt zu werden.

Das Reich Gottes kommt und es ist schon da und es ist bunt und nicht uniform. Hier finden auch die einen Platz, die weder in der Kirche noch in der Gesellschaft eine Bedeutung haben. In den wenigen Sätzen dieses Gleichnisses leuchten eine so große Freiheit und fröhliche Gelassenheit auf, weil sie das letzte Urteil ganz getrost nicht Menschen, sondern Gott in die Hände legen.

Martha oder Maria

Als sie weiterzogen, kam er in ein Dorf. Eine Frau namens Marta nahm ihn gastlich auf. Sie hatte eine Schwester, die Maria hieß. Maria setzte sich dem Herrn zu Füßen und hörte seinen Worten zu. Marta aber war ganz davon in Anspruch genommen zu dienen. Sie kam zu ihm und sagte: Herr, kümmert es dich nicht, dass meine Schwester die Arbeit mir allein überlässt? Sag ihr doch, sie soll mir helfen! Der Herr antwortete: Marta, Marta, du machst dir viele Sorgen und Mühen. Aber nur eines ist notwendig. Maria hat den guten Teil gewählt, der wird ihr nicht genommen werden.

(Lk 10,38–42)

Aktivismus oder Betrachtung? Sozialer Einsatz oder Meditation? Was ist christlich richtig?

Jesus von Nazareth bürstet manchmal ganz schön gegen den Strich. Aber er tut es nicht, um Menschen zu ärgern, sondern sie zum Nachdenken zu bringen, darüber, was im Leben wirklich wichtig ist.

Es geht immer um die Frohe Botschaft vom Reich Gottes. An dessen Bau und Einrichtung wir jetzt schon mitwirken. Und damit geht es um die richtige Reihenfolge.

Jesus sagt: Vor dem Tun kommt das Hören. In der Familie, im Betrieb, in der Politik und in der Kirche sind wir darauf getrimmt, aktiv zu sein, zu sorgen, dass alles rundläuft. Vor lauter Aktionen und Sitzungen wird gar nicht mehr hingehört, was der einzelne Mensch oder die Gesellschaft wirklich braucht, was wirklich nötig, was entscheidend ist.

Das eine geht aber nicht ohne das andere, wollen wir unser Menschsein nicht zerstören. Die gelehrten Theologen drücken es so aus: Kontemplation und Aktion gehören zusammen. Leonardo Boff hat es noch schöner gesagt: Zärtlichkeit und Kraft müssen einander ergänzen.

Maria ist die zärtliche, die achtsame Seite in unserem Haus; Martha ist die tätige, die energische Seite. Maria hört, was Jesus uns sagen will. Martha tut alles, dass er sich bei uns wohlfühlt. Das ist gut so.

Es geht weniger um eine Rangfolge als um eine Reihenfolge. Das Wichtige kommt zuerst. Das ist das achtsame Hinhören, die zärtliche Zuwendung. Dann folgt die Konsequenz daraus, ein aktives, kraftvolles und entschlossenes Handeln.

Jesus bringt beides zusammen: Zärtlichkeit und Kraft. Das Hören, das Sehen, das rechte Verstehen und das rechte Handeln. In Taizé spricht man hingegen von »Kampf und Kontemplation«.

Der wahre Schatz

In jener Zeit sprach Jesus zu der Menge: Mit dem Himmelreich ist es wie mit einem Schatz, der in einem Acker vergraben war. Ein Mann entdeckte ihn, grub ihn aber wieder ein. Und in seiner Freude verkaufte er alles, was er besaß, und kaufte den Acker. Auch ist es mit dem Himmelreich wie mit einem Kaufmann, der schöne Perlen suchte. Als er eine besonders wertvolle Perle fand, verkaufte er alles, was er besaß, und kaufte sie. Weiter ist es mit dem Himmelreich wie mit einem Netz, das man ins Meer warf, um Fische aller Art zu fangen. Als es voll war, zogen es die Fischer ans Ufer; sie setzten sich, lasen die guten Fische aus und legten sie in Körbe, die schlechten aber warfen sie weg.

(Mt 13,44–48)

Schon das Wort »Schatz« genügt, um in einem Menschen Neugier, Phantasie und Sehnsucht zu entfachen. Jesus spricht vom Schatz im Acker und von der kostbaren Perle und meint den Glauben, der uns das Reich Gottes wie einen Zufall finden lässt und für das sich jeder Einsatz lohnt. Jesus geht es um den Schatz in unserem Herzen, in dem die Erfahrungen der ganzen Menschheit gespeichert sind als ein Geschenk Gottes, das uns aus dem Paradies geblieben ist. Manche finden diesen Schatz nie, weil sie weder das Zutrauen noch das Vertrauen in sich selbst und in ihren eigenen Wert haben.

Je mehr Raum dieses göttliche Geschenk unserer Phantasie erhält, umso intensiver umgibt uns von allen Seiten das Reich Gottes, das von Erbarmen, Versöhnung über Achtsamkeit und Ehrfurcht bis zum Frieden reicht. Diese Geborgenheit im Reich Gottes verleiht uns die Gelassenheit, in unseren mitmenschlichen Begegnungen und den Ereignissen unserer Welt freundschaftlich zu sein.

Der Schatz in uns akzeptiert auch keine einengenden Gesetze und Regeln, die unser Menschsein blockieren könnten. Der Glaube erhält uns jung, aber nur wenn wir nach Neuem Ausschau halten und nicht nur den alten Landkarten folgen. Wer den Schatz des Gottvertrauens im Herzen trägt, empfindet sich auch im höchsten Alter noch jugendlich. Er ruht sich nicht auf seinen Lebenserfahrungen aus, macht sie vor allem nicht zum Programm für Jüngere, sondern lässt sich neugierig auf Neues ein.

Eine Kirche, die Zukunft gestalten will, kann nicht nur Antworten aus der Vergangenheit finden. Sie muss sich auf die Grundlagen des Lebens besinnen, bereit sein, den Acker zu kaufen, um den Schatz zu heben, und alles daransetzen, die Perle zu bekommen. Die Phantasie und die Kreativität des Glaubens vertragen keine abgedroschenen Erklärungen und überholte Begründungen.

Der Glaube hält sich nicht ständig an dem fest, was immer schon war, diese Illusion hat Jesus schon in seiner Zeit zerbrochen; er ist neugierig für alles, was sein könnte. Der schweizerische Dichterpfarrer Kurt Marti hat es so ausgedrückt: »Wo kämen wir hin, wenn jeder sagte, wo kämen wir hin und keiner ginge, um zu sehen, wohin wir kämen, wenn wir gingen.« Wer nicht glaubt, dass der Glaube ein lebendiges Abenteuer ist, hängt an einem toten Glauben, er wird dem Gott der Überraschungen nicht trauen.

Was nichts kostet, ist nichts wert

So spricht der Herr: Auf, ihr Durstigen, kommt alle zum Wasser! Auch wer kein Geld hat, soll kommen. Kauft Getreide, und esst, kommt und kauft ohne Geld, kauft Wein und Milch ohne Bezahlung! Warum bezahlt ihr mit Geld, was euch nicht nährt, und mit dem Lohn eurer Mühen, was euch nicht satt macht? Hört auf mich, dann bekommt ihr das Beste zu essen und könnt euch laben an fetten Speisen. Neigt euer Ohr mir zu, und kommt zu mir, hört, dann werdet ihr leben. Ich will einen ewigen Bund mit euch schließen gemäß der beständigen Huld, die ich David erwies.

(Jes 55,1–3)

Was nichts kostet, ist nichts wert, sagt man, und es ist wirklich nicht allzu viel, was man nicht für Geld kaufen kann. Unsere Gesellschaft ist wie ein einziger großer Markt mit Preisschildern an allen Ecken und Enden, übrigens auch in Pfarrbüros und Kirchen: »Was kostet die Messe, eine Beerdigung, eine Trauung ...?«.

Da gebärdet sich der Prophet Jesaja schon wie ein Marktschreier der ganz anderen Art, wenn er die Leute auffordert, auch dann zu kommen, wenn sie kein Geld haben! Im normalen Geschäftsleben wäre das natürlich undenkbar. Das Ganze muss einfach einen Haken haben.

Aber dem Propheten geht es natürlich nicht um Wasser und Brot oder üppige Speisen. »Hört, dann werdet ihr leben«, ruft er, damit die Menschen spüren, dass Gott sie ins Leben rufen will. »Das Leben ist voller Wunder wie der blaue Himmel, wie der Sonnenschein oder die Augen eines Babys«, sagt Thich Nhat Hanh und er gibt ein Beispiel: »Viele Leute lernen den Genuss des Atmens erst dann zu schätzen, wenn sie Asthma oder eine verstopfte Nase haben.«

Wenn wir auf das Leben schauen, zählen vor allem Zeit, Ruhe und Freude. Das wirklich Lebenswerte gibt es eben nicht auf den Märkten der Welt einfach so zu kaufen. Zeit ist Geld, heißt es dort schnell, für die Ruhe gibt es den Ruhestand, und echte, tiefe Freude ist ohnehin ein seltenes Geschenk.

Das Wort Jesajas aber möchte einfach nur aufrütteln: Das Leben ist viel zu schade, dass wir es im Hamsterrad verbringen oder irgendwo auf einer Karriereleiter verkümmern. Jetzt ist der wichtigste Augenblick, und es ist nicht ständig wichtig, was doch gestern alles war und uns morgen wieder erwartet. Wir müssen nicht einmal weit verreisen, um das Schöne zu empfinden und zu genießen.

Es ist erstaunlich, was aus einem solch freundlichen »Jetzt« alles werden kann. Man findet unterwegs ein gutes Wort, ist den ganzen Tag über in allem irgendwie gelassener, friedlicher, und freundlicher. Man beschenkt sich selbst, nur weil man sich dem Wort Gottes öffnet.

Da soll noch einer sagen: Was nichts kostet, ist auch nichts wert!

Sodom und Gomorra

Der HERR sprach: Das Klagegeschrei über Sodom und Gomorra, ja, das ist angeschwollen und ihre Sünde, ja, die ist schwer. Ich will hinabsteigen und sehen, ob ihr verderbliches Tun wirklich dem Klagegeschrei entspricht, das zu mir gedrungen ist, oder nicht. Ich will es wissen. Die Männer wandten sich ab von dort und gingen auf Sodom zu. Abraham aber stand noch immer vor dem HERRN. Abraham trat näher und sagte: Willst du auch den Gerechten mit den Ruchlosen wegraffen? Vielleicht gibt es fünfzig Gerechte in der Stadt: Willst du auch sie wegraffen und nicht doch dem Ort vergeben wegen der fünfzig Gerechten in ihrer Mitte? Fern sei es von dir, so etwas zu tun: den Gerechten zusammen mit dem Frevler töten. Dann ginge es ja dem Gerechten wie dem Frevler. Das sei fern von dir. Sollte der Richter der ganzen Erde nicht Recht üben? Da sprach der HERR: Wenn ich in Sodom fünfzig Gerechte in der Stadt finde, werde ich ihretwegen dem ganzen Ort vergeben.

(Gen 18,20–26)

Niemand konnte diese beiden Worte wohl so eindringlich aussprechen wie die berühmte Hausmeisterin Else Kling in der Fernsehserie »Die Lindenstraße«. Zwei Worte als Ausdruck für wüsteste, unmoralische Zustände, in denen selbstverständlich nur andere leben. Von den v. a. sexuellen Abartigkeiten, für die diese Begriffe meistens stehen, ist in den Verhandlungen Abrahams mit Gott keine Rede, nicht einmal eine leise Andeutung. Es geht um weit Schlimmeres, nämlich um das »schreiende Unrecht«, das bis zum Himmel dringt.

Gott hasst das Unrecht, Abraham leidet darunter. Und überall, wo Gewalt und Unrecht einfach hingenommen werden, zerstört sich eine Gesellschaft selbst. Abraham verhandelt darum, ja streitet mit Gott und er lässt es auch ihm nicht durchgehen, dass das Verderben unschuldiger Menschen in Kauf genommen werden soll. Gott lässt sich auch offenbar umstimmen, verändern und überzeugen. Er bewegt sich und lässt sich bewegen. Das ist eine überraschende Botschaft.

Beide, Gott wie Abraham, suchen nach dem Heil, indem sie heillose Zustände überwinden wollen. Diese tiefgreifende Leidenschaft, sich trotz allem Übel in der Welt die Menschlichkeit zu bewahren, soll uns Christen kennzeichnen. Es darf niemals um eine Gerechtigkeit ohne Barmherzigkeit gehen, um Entscheidungen nur stur nach Gesetzeslage: »Barmherzigkeit will ich, nicht Opfer«, drückt es Jesus von Nazareth aus.

Am Ende sagt Gott zu Abraham: »Wegen einiger Gerechter in der Stadt will ich sie nicht verderben.« Es sind also nicht die Massen, die unsere Welt retten. Es sind die positiven, engagierten Minderheiten, die unsere Gemeinden am Leben erhalten, die unsere Kirche von unten her reformieren können, die auch das Gesicht eines Landes und eines Volkes verändern. Nicht das Schweigen, nicht die Anpassung rettet Menschen oder ganze Länder, sondern das selbstbewusste Handeln und Verhandeln führt zu mehr Gerechtigkeit und damit zum Frieden. Martin Luther hat es so ausgedrückt: »Beten, als ob alles Tun nichts nützte. Tun, als ob das Beten nichts nützte.«

Geh doch!

Nachdem Jesus die Menge gespeist hatte, forderte er die Jünger auf, ins Boot zu steigen und an das andere Ufer vorauszufahren. Inzwischen wollte er die Leute nach Hause schicken. Nachdem er sie weggeschickt hatte, stieg er auf einen Berg, um in der Einsamkeit zu beten. Spät am Abend war er immer noch allein auf dem Berg. Das Boot aber war schon viele Stadien vom Land entfernt und wurde von den Wellen hin und her geworfen; denn sie hatten Gegenwind. In der vierten Nachtwache kam Jesus zu ihnen; er ging auf dem See. Als ihn die Jünger über den See kommen sahen, erschraken sie, weil sie meinten, es sei ein Gespenst, und sie schrien vor Angst. Doch Jesus begann mit ihnen zu reden und sagte: Habt Vertrauen, ich bin es; fürchtet euch nicht! Darauf erwiderte ihm Petrus: Herr, wenn du es bist, so befiehl, dass ich auf dem Wasser zu dir komme. Jesus sagte: Komm! Da stieg Petrus aus dem Boot und ging über das Wasser auf Jesus zu. Als er aber sah, wie heftig der Wind war, bekam er Angst und begann unterzugehen. Er schrie: Herr, rette mich! Jesus streckte sofort die Hand aus, ergriff ihn und sagte zu ihm: Du Kleingläubiger, warum hast du gezweifelt? Und als sie ins Boot gestiegen waren, legte sich der Wind. Die Jünger im Boot aber fielen vor Jesus nieder und sagten: Wahrhaftig, du bist Gottes Sohn.

(Mt 14,22–33)

Jesus und Petrus gehen auf dem stürmischen Wasser des Sees Genezareth. Das Bild will ein vertrauensvolles Gehen beschreiben: der Glaube trägt wirklich! Das Wasser steht einem buchstäblich bis zum Hals, Ängste überfallen uns und Zweifel machen unsicher. Wie Petrus sucht man automatisch sofort nach einer Hand, nach einem Halt.

Auf verschiedene Weise probieren es Menschen immer wieder aus, aus eigener Kraft übers Wasser zu gehen. Aber was wäre damit eigentlich gewonnen? Schwimmen ist doch auch schon eine ganze Menge. Für den Evangelisten dagegen ist es viel wichtiger, mit Jesus zu gehen, seine Hand zu spüren, um seine Nähe zu wissen, auch damit wir selber den rechten Weg finden. Schließlich sagt Jesus von sich: Ich bin der Weg, die Wahrheit, das Leben. Wer den Weg Jesu geht, er nennt das selber Nachfolge, findet zur Wahrheit und damit zu seinem Leben.

Pilgerwege und das Pilgern sind heutzutage wieder absolut »in« geworden. Offenbar bringt der Weg etwas. Das Gehen wird zu einer spirituellen Übung, die wir in der Hektik des Tages sehr schnell vergessen. Dem, der sich auf den Weg macht, wird bewusst, dass man eben nicht nur mit der Zeit gehen muss, sondern auch den Weg selbst zu gehen hat. Nur so erfährt man, was es bedeutet, Spuren des Friedens und des kleinen Glücks auf dieser Erde zu hinterlassen.

Der buddhistische Weisheitslehrer Thich Nhat Hanh drückt es so aus: »Wir bringen unseren Frieden, unsere Ruhe auf die Oberfläche der Erde und erfahren gemeinsam, was die Liebe lehrt. Wir gehen in diesem Geist.«

*

Der Nachruf ist meistens besser als der Ruf

Und Jesus erzählte ihnen folgendes Gleichnis: Auf den Feldern eines reichen Mannes stand eine gute Ernte. Da überlegte er bei sich selbst: Was soll ich tun? Ich habe keinen Platz, wo ich meine Ernte unterbringen könnte. Schließlich sagte er: So will ich es machen: Ich werde meine Scheunen abreißen und größere bauen; dort werde ich mein ganzes Getreide und meine Vorräte unterbringen. Dann werde ich zu meiner Seele sagen: Seele, nun hast du einen großen Vorrat, der für viele Jahre reicht. Ruh dich aus, iss und trink und freue dich! Da sprach Gott zu ihm: Du Narr! Noch in dieser Nacht wird man dein Leben von dir zurückfordern. Wem wird dann das gehören, was du angehäuft hast? So geht es einem, der nur für sich selbst Schätze sammelt, aber bei Gott nicht reich ist.

(Lk 12,16–21)

Das Gleichnis vom reichen Kornbauern offenbart wieder einmal, dass nichts so sehr einen beschränkten und kleinlichen Geist verrät wie die Geldgier (frei nach dem römischen Philosoph Cicero, 1. Jahrhundert v. Chr.). Die Geldgier ist wohl eines der ältesten Kostüme des Menschen, und wachsender Reichtum von wenigen bedingt auch heute noch immer die Armut von vielen. So beruht auch der überquellende Reichtum des Gutsbesitzers im Gleichnis auf der Armut seiner Tagelöhner.

Auch das Evangelium gibt keine einfachen Lösungen in dieser Sache, macht aber nachdenklich mit dem letzten Satz: »So geht es einem, der nur für sich selbst Schätze sammelt, aber bei Gott nicht reich ist.«

Was ist selbst eine Million Euro noch wert für einen Menschen, der an diesem Tag sterben wird? Für ihn ganz sicher ein Nichts, vielleicht für die Erben ein Neustart in die Gier? Der Tod, das Leben nach dem Leben relativiert eben alles und sollte uns daher gelassener machen.

Die Gelassenheit führt zum inneren Frieden, der den wahren Reichtum unseres Menschseins darstellt, vertreibt die ständige Gier nach mehr und mindert so die Angst vor der Zukunft. Natürlich werden wir dann auch noch Sorgen haben, aber sie haben nicht mehr die Kraft, uns vom Geld, von der Gier und den Ängsten beherrschen zu lassen.

Für diese Freiheit will uns das Evangelium öffnen, denn sie macht uns mutiger, lässt uns andere neue Wege gehen, andere, als es die kollektiven Glaubensmuster der Geldwirtschaft und der Finanzpolitik vorgeben.

Vor Gott reich zu sein, heißt vor allem, offene Hände und ein offenes Herz zu haben. Das ist das wahre Glück. Wir dürfen darauf vertrauen, dass dieses echte Glück immer zur Verfügung steht, unabhängig davon, über wie viel Geld und Gut wir verfügen.

Es kam eine Frau ...

In jener Zeit zog Jesus sich in das Gebiet von Tyrus und Sidon zurück. Da kam eine kanaanäische Frau aus jener Gegend zu ihm und rief: Hab Erbarmen mit mir, Herr, du Sohn Davids! Meine Tochter wird von einem Dämon gequält. Jesus aber gab ihr keine Antwort. Da traten seine Jünger zu ihm und baten: Befrei sie von ihrer Sorge, denn sie schreit hinter uns her. Er antwortete: Ich bin nur zu den verlorenen Schafen des Hauses Israel gesandt. Doch die Frau kam, fiel vor ihm nieder und sagte: Herr, hilf mir! Er erwiderte: Es ist nicht recht, das Brot den Kindern wegzunehmen und den Hunden vorzuwerfen. Da entgegnete sie: Ja, du hast Recht, Herr! Aber selbst die Hunde bekommen von den Brotresten, die vom Tisch ihrer Herren fallen. Darauf antwortete ihr Jesus: Frau, dein Glaube ist groß. Was du willst, soll geschehen. Und von dieser Stunde an war ihre Tochter geheilt.

(Mt 15,21–28)

Jesus begegnet einer mutigen Frau, einer Mutter, die sich um ihr krankes Kind sorgt und alle Hemmungen überwindet. Jesus bleibt zunächst in der Abwehr, greift sogar nach einem Schimpfwort, mit dem die Juden die Heiden bedachten: Hund. Die Mutter greift das Schimpfwort auf und dreht es wie eine Waffe um: »Selbst die Hunde bekommen von den Brotresten ...«. Jesus ist »besiegt«.

Frauen müssen aber niemanden besiegen, schon gar nicht die Männer in der Kirche. Doch es wäre schon ein großer erster Schritt gemacht, wenn biblische Bilder wie die, dass Gott die Frau aus der Rippe des Mannes geschaffen und sie also zur Untertänigkeit verurteilt habe, einfach mal richtiggestellt würden. Es heißt nämlich ganz schlicht: Gott schuf die Frau an der Seite des Mannes. Also auf gleicher Höhe!

Das Pauluswort »Es gibt nicht mehr Mann oder Frau« hatte in der Urkirche noch Bedeutung, bis es durch die Dominanz der Männer weggeschoben wurde. Dass von päpstlicher Seite (Johannes Paul II) das Thema »Frau in der Kirche« dann für beendet erklärt wird, genügt jedenfalls dem modernen, aufgeklärten Katholiken nicht. Ganz bewusst macht er sich doch gleichzeitig gegen Frauenfeindlichkeit und Frauenverachtung in anderen Religionen stark und setzt sich für die volle Gleichberechtigung der Frau in der Gesellschaft ein.

Jesus aber ist es gelungen, und deswegen ist dieses Evangelium so wichtig, die Grenzen zu den Heiden und zu den Frauen zu überwinden. Schließlich sind auch in seinem Gefolge, im Gegensatz zum jüdischen Brauch, ganz bewusst Frauen dabei. Manche werden sogar beim Namen genannt wie Maria von Magdala, die noch im 3. und 4. Jahrhundert offiziell als »Apostelin der Apostel« bezeichnet wurde.

Alles in allem: Unsere Kirche hat noch einen schweren Weg vor sich. Er würde leichter und hoffnungsvoller, wenn mehr Frauen in allen kirchlichen Ämtern tätig sein und ihre Überzeugungen, vor allem ihren Glauben einbringen könnten. Es wäre die große Chance des Christentums und der Kirche, wenn in ihr Frauen nicht zweitklassig oder gar noch darunter behandelt und die Gleichwertigkeit der Frau zur Selbstverständlichkeit werden würden.

»Fürchte dich nicht, du kleine Herde! ...«

Fürchte dich nicht, du kleine Herde!
Denn euer Vater hat beschlossen,
euch das Reich zu geben.
Verkauft euren Besitz
und gebt Almosen!
Macht euch Geldbeutel,
die nicht alt werden!
Verschafft euch einen Schatz,
der nicht abnimmt, im Himmel,
wo kein Dieb ihn findet und
keine Motte ihn frisst!
Denn wo euer Schatz ist,
da ist auch euer Herz.

(Lk 12,32–43)

Jeder Mensch ist eine Minderheit. Wo diese Feststellung vergessen oder unterschlagen wird, breiten sich Vorurteile und in deren Gefolge Aussonderung, Unterdrückung und Gewalt aus. Minderheit, das bedeutet in unserem Empfinden Nachteile, im Letzten Schwäche. Oft reagieren Minderheiten aggressiv, weil sie damit ihre Machtlosigkeit überdecken wollen.

Jesus redet von der Minderheit ganz anders. In der kleinen Herde, die er ermutigt, steckt die Gewissheit, das Reich Gottes zu bewohnen. Der Garant dafür ist Gott selber. Die Bilder, die Jesus für dieses Wunder verwendet, gleichen sich: Da ist von der Prise Salz die Rede, die alles genießbar und schmackhaft macht. Da erzählt er von einer Hausfrau, die eine Handvoll Sauerteig in einem Backtrog unter das Mehl mischt, um alles zu durchsäuern. Da durchdringt ein kleines Licht die Finsternis der ganzen Welt. Alles Visionen, die eine Minderheiten-Depression erst gar nicht aufkommen lassen.

Bei allen kirchlichen Events, mögen sie noch so groß sein, sind die kleinen Zellen gefragt, wenn es um das Reich Gottes geht. Es ist augenfällig, dass es nicht den Massen zugesagt ist, sondern der kleinen Herde. Religion, die auf Massen aus ist, muss Billigfutter bereitstellen, das den Hunger nur für den ersten Moment stillen kann. Die Billigreligion ist geprägt durch ihre Angst vor der Gegenwart und die Sorge vor der Zukunft. Menschen, die das Evangelium Jesu ernst nehmen, bleiben diese Ängste und Sorgen erspart.

Es ist ein wahres Planungsfieber in unseren Kirchen ausgebrochen, um die Sorgen, Befürchtungen und Ängste über die kirchliche Zukunft in den Griff zu bekommen. Die Botschaft des Evangeliums lautet ganz anders. Statt des ständigen Kalkulierens, Berechnens und Planens setzt es Begriffe des Vertrauens ein: Hören, Gelassenheit, Abwarten, Wachsen und Reifen.

Menschliches, kirchliches Planen setzt auf Veränderung. Das Anliegen Jesu für seine kleine Herde ist der Wandel, die Umwandlung. Salz und Sauerteig gehen in etwas anderem auf, Licht verbraucht sich … in einem geheimnisvollen, aber wirkungsvollen Prozess.

Umwandlung, Veränderung geschieht dann, wenn etwas Altes auseinanderfällt. Es wird losgelassen und Platz für Neues geschaffen. Wer dazu bereit ist, kann sich inspirieren lassen; wörtlich: Der Geist Gottes fließt in ihn hinein und wirkt durch ihn. Wovor sollten wir uns dann noch fürchten?

Binden und lösen

In jener Zeit, als Jesus in das Gebiet von Cäsarea Philippi kam, fragte er seine Jünger: Für wen halten die Leute den Menschensohn? Sie sagten: Die einen für Johannes den Täufer, andere für Elija, wieder andere für Jeremia oder sonst einen Propheten. Da sagte er zu ihnen: Ihr aber, für wen haltet ihr mich? Simon Petrus antwortete: Du bist der Messias, der Sohn des lebendigen Gottes! Jesus sagte zu ihm: Selig bist du, Simon Barjona; denn nicht Fleisch und Blut haben dir das offenbart, sondern mein Vater im Himmel. Ich aber sage dir: Du bist Petrus – der Fels –, und auf diesen Felsen werde ich meine Kirche bauen, und die Mächte der Unterwelt werden sie nicht überwältigen. Ich werde dir die Schlüssel des Himmelreichs geben; was du auf Erden binden wirst, das wird auch im Himmel gebunden sein, und was du auf Erden lösen wirst, das wird auch im Himmel gelöst sein. Dann befahl er den Jüngern, niemand zu sagen, dass er der Messias sei.

(Mt 16,13–20)

Von der Macht in der Kirche wird immer im Zusammenhang von Hierarchie, Ämtern und v. a. dem Papst in Rom gesprochen. Als biblische Rechtfertigung dient dann das heutige Evangelium: »Du bist Petrus, und auf diesen Felsen werde ich meine Kirche bauen.« Der Papst also ein Türöffner des Himmels? Keiner sieht das heute noch so.

Denn wem Jesus ein Amt anvertraut, dem überträgt er nicht Macht, sondern ausschließlich den Dienst an den Menschen, der, in einzigartiger Weise dargestellt im Zeichen der Fußwaschung, von ihm mit der Aufforderung verbunden wird: »Ich habe euch ein Beispiel gegeben, damit auch ihr so handelt, wie ich an euch gehandelt habe.«

Ohne Zweifel spielt Petrus zu Recht eine wichtige Rolle, aber auch Martha oder der heidnische Hauptmann haben ihr Bekenntnis zum Messias abgelegt, und erst durch die unerhörte Botschaft der Frauen machte sich Petrus auf zum leeren Grab. Die beiden Begriffe »binden« und »lösen« beziehen sich auch nicht auf unsere Beicht- und Bußpraxis – es ist und bleibt Gott allein, der vergibt! –, sondern auf die Situationen im Leben, da das Gewissen des Menschen eindeutig über religiösen Gesetzen und Geboten steht, und zwar vor allem dann, wenn der Mensch durch sie am echten Leben gehindert wird.

Wenn wir also heute den Dienst des Papstes – nicht nur für die katholische Welt – beschreiben möchten, dann kann es nur diese Antworten geben: Gottes Offenbarung in unserer Welt ist lebendiges Leben und kein toter Buchstabe. Gottes Gebote sind keine tödlichen Moralvorschriften, sondern Wegweisung zum Leben. Gottes Leben bedeutet nicht Tradition und Erstarrung, sondern Wachsen und Reifen. Das gilt alles zu jeder Zeit neu und für jede Zeit anders, denn mit dem Wort Gottes kann auch die Einsicht des Menschen wachsen.

Nicht Petrus, nicht der Papst und nicht die Kirche sind der unüberwindliche Fels; erst recht nicht die kirchliche Verwaltung samt ihrer Gesetzgebung. Gottes Liebe zu den Menschen allein ist der Felsengrund, und solange sich Papst und Kirche auf das Wort und die Treue Gottes einlassen und verlassen, steht die Verheißung: Die Mächte des Bösen werden sie nicht überwältigen.

Friede oder Spaltung?

Ich bin gekommen, um Feuer auf die Erde zu werfen. Wie froh wäre ich, es würde schon brennen! Ich muss mit einer Taufe getauft werden und wie bin ich bedrängt, bis sie vollzogen ist. Meint ihr, ich sei gekommen, um Frieden auf der Erde zu bringen? Nein, sage ich euch, nicht Frieden, sondern Spaltung. Denn von nun an werden fünf Menschen im gleichen Haus in Zwietracht leben: Drei werden gegen zwei stehen und zwei gegen drei; der Vater wird gegen den Sohn stehen und der Sohn gegen den Vater, die Mutter gegen die Tochter und die Tochter gegen die Mutter, die Schwiegermutter gegen ihre Schwiegertochter, die Schwiegertochter gegen die Schwiegermutter.

(Lk 12,49–53)

»Meint ihr, ich sei gekommen, um Frieden auf der Erde zu bringen? Nein, sage ich euch, nicht Frieden, sondern Spaltung.« – Ein hartes Wort von Jesus von Nazareth. Ein fauler Friede, also etwas nur um des lieben Friedens willen zu tun oder nicht zu tun, war nie seine Sache. Er ist für klare Entscheidungen. Diese Klarheit und Eindeutigkeit erwartet er auch von uns.

Wer aber immer nur darauf schaut, dass alles harmonisch zugeht, dass jedermann zufrieden ist, provoziert eher Enttäuschungen und Stillstand. Dann bewegt sich nichts in Richtung Frieden; höchstens in Richtung Auseinandersetzung und Gewalt.

»Spaltung« meint die Unterscheidung der Geister. Ein fauler Friede, der ständig nur Kompromisse schließt, führt zu nichts. Die Unterscheidung der Geister zwischen Gut und Böse aber erfordert ein klares Ja oder ein eindeutiges Nein.

Nur auf dieser klaren Trennung zwischen Ja und Nein und in der Ablehnung fauler Kompromisse, auch wenn sie zunächst Vorteile brächten, baut ein dauerhafter Friede auf. Diesen ehrlichen Frieden wünscht uns Jesus, wenn er sagt: Der Friede sei mit euch. Basis dieses Friedens bilden Gerechtigkeit und Dankbarkeit, denn das meiste, was wir haben und genießen können, ist und bleibt ein Geschenk.

Die Letzten werden die ERSTEN sein!

Auf seinem Weg nach Jerusalem zog er von Stadt zu Stadt und von Dorf zu Dorf und lehrte. Da fragte ihn einer: Herr, sind es nur wenige, die gerettet werden? Er sagte zu ihnen: Bemüht euch mit allen Kräften, durch die enge Tür zu gelangen; denn viele, sage ich euch, werden versuchen hineinzukommen, aber es wird ihnen nicht gelingen. Wenn der Herr des Hauses aufsteht und die Tür verschließt und ihr draußen steht, an die Tür klopft und ruft: Herr, mach uns auf!, dann wird er euch antworten: Ich weiß nicht, woher ihr seid. Dann werdet ihr anfangen zu sagen: Wir haben doch in deinem Beisein gegessen und getrunken und du hast auf unseren Straßen gelehrt. Er aber wird euch erwidern: Ich weiß nicht, woher ihr seid. Weg von mir, ihr habt alle Unrecht getan! Dort wird Heulen und Zähneknirschen sein, wenn ihr seht, dass Abraham, Isaak und Jakob und alle

Propheten im Reich Gottes sind, ihr selbst aber ausgeschlossen seid. Und sie werden von Osten und Westen und von Norden und Süden kommen und im Reich Gottes zu Tisch sitzen. Und siehe, da sind Letzte, die werden Erste sein, und da sind Erste, die werden Letzte sein.

(Lk 13,22–30)

Manche Bibelworte sind sehr geläufig, so das in diesem Evangelium: Dann werden manche von den Letzten die Ersten sein und manche von den Ersten die Letzten. Aber spielt es für Jesus und überhaupt wirklich eine Rolle, einmal im Reich Gottes Erster sein zu wollen oder Letzter sein zu müssen? Es kommt ihm sicher nicht auf ein Wettrennen an, nicht auf Sieg oder Niederlage, weder auf Schnelligkeit noch auf Langsamkeit.

Die Begriffe »schnell« und »langsam« prägen alltäglich unseren Umgang mit dem Leben und der Zeit: Schnell müssen wir sein, weil wir unsere gesteckten Ziele schneller erreichen müssen, als der Tod uns erreicht. Gleichzeitig sind wir zur Langsamkeit gezwungen, weil unser Leben viel zu kurz ist, um alle möglichen Ziele zu erreichen. Ein fataler Kreislauf beginnt. Wir müssen schnell sein müssen, um für uns jene Zeit zu gewinnen, in der wir langsam sein können, um die Orientierung nicht zu verlieren.

Im Evangelium aber geht es um das Leben selbst. Jesus von Nazareth legt eine große Achtsamkeit an den Tag für das, was Gott von uns will. Ihm geht es nie um fromme Ziele, die auf Biegen oder Brechen, sozusagen »auf Teufel komm raus!« erreicht werden müssen. Er lebt uns das richtige Verhältnis von Schnelligkeit und Langsamkeit vor, nämlich die Gelassenheit. In der Langsamkeit, der Gelassenheit des Gebetes z. B., wo Beten weit mehr ist als nur Texte zu sprechen und eine echte Beziehung entsteht. Da werden manche von den Letzten auf überraschende Weise zu Ersten.

Der Vergleich mit einer Bergtour trifft es vielleicht: Viel wichtiger als das Ankommen ist doch die Zeit zum Gehen, zum Nachdenken, zum Meditieren … in der unser Leib mit allem, was an und in ihm ist, Leib sein darf und die Seele dadurch immer freier wird.

*

Arme Kirche – wozu?

Dann sagte er zu dem Gastgeber: Wenn du mittags oder abends ein Essen gibst, lade nicht deine Freunde oder deine Brüder, deine Verwandten oder reiche Nachbarn ein; sonst laden auch sie dich wieder ein und dir ist es vergolten. Nein, wenn du ein Essen gibst, dann lade Arme, Krüppel, Lahme und Blinde ein. Du wirst selig sein, denn sie haben nichts, um es dir zu vergelten; es wird dir vergolten werden bei der Auferstehung der Gerechten.

(Lk 14,12–14)

Wie so oft bei den Gleichnissen Jesu kommt der springende Punkt ganz zum Schluss: Es geht um die Armen, Krüppel, Lahmen und Blinden. Keine Frage, um sie kümmern sich die kirchlichen Organisationen. Sie sind zu Verteilzentren unserer Nächstenliebe geworden: Die gut Betuchten geben ihre überflüssigen Sachen ab, die Armen holen sie dann ab oder bedienen sich bei der Tafel. Ist doch alles bestens.

So aber entsteht keine Gemeinschaft. Jesus hat keine Hilfsprogramme aufgelegt, die den Staat oder die Gesellschaft aus ihrer Verantwortung entlassen. Er hat einen neuen Lebensstil geprägt: Eine Gemeinschaft soll entstehen, in der die Menschen in Frieden und Zufriedenheit miteinander leben.

Es gilt, Gott wieder in die Welt und zu den Menschen zu bringen. »Sorgt euch nicht ängstlich ...«, ruft dieser Jesus von Nazareth uns zu. Der Haushalt Gottes wird nicht in die Insolvenz getrieben. Wenn wir Gott wieder zu den Menschen gebracht haben, auf eine einladende, liebevolle Weise, werden sie auch für seinen Haushalt sorgen – und das sind vor allem die Armen. In diesem Sinne fordert wohl auch unser Papst eine »arme« Kirche.

Die Kirche der Zukunft wird nicht mehr die Mitte der Gesellschaft sein, was ihr auch nicht immer gutgetan hat, wenn sie zu sehr an die Politik und die wirtschaftlichen Systeme angepasst auftrat. Vom Rand der Gesellschaft aber, mit gewissem Abstand, wird es leichter sein, Leuchtturm und Zeichen der Zeit zu sein.

Unsere Überflussgesellschaft braucht unbedingt eine glaubwürdige Alternative, die ihr den kritischen Spiegel vorhält, ihr ihre angeblichen Sicherheiten entlarvt und zeigt, dass noch manches viel wichtiger ist wie zum Beispiel menschliche Nähe. Und die gilt für alle Menschen. Von oben herab gibt's die kaum, aber von der Seite, also »Seit an Seit«.

Radikale Nachfolge

Viele Menschen begleiteten ihn; da wandte er sich an sie und sagte: Wenn jemand zu mir kommt und nicht Vater und Mutter, Frau und Kinder, Brüder und Schwestern, ja sogar sein Leben geringachtet, dann kann er nicht mein Jünger sein. Wer nicht sein Kreuz trägt und hinter mir hergeht, der kann nicht mein Jünger sein. Denn wenn einer von euch einen Turm bauen will, setzt er sich dann nicht zuerst hin und berechnet die Kosten, ob seine Mittel für das ganze Vorhaben ausreichen? Sonst könnte es geschehen, dass er das Fundament gelegt hat, dann aber den Bau nicht fertigstellen kann. Und alle, die es sehen, würden ihn verspotten und sagen: Der da hat einen Bau begonnen und konnte ihn nicht zu Ende führen. Oder wenn ein König gegen einen anderen in den Krieg zieht, setzt er sich dann nicht zuerst hin und überlegt, ob er sich mit seinen zehntausend Mann dem entgegenstellen kann, der mit zwanzigtausend gegen ihn anrückt? Kann er es nicht, dann schickt er eine Gesandtschaft, solange der andere noch weit weg ist, und bittet um Frieden. Ebenso kann keiner von euch mein Jünger sein, wenn er nicht auf seinen ganzen Besitz verzichtet.

(Lk 14,25–33)

Ist es überhaupt möglich, auf so radikale Art, wie ein Jesus von Nazareth es fordert, das Christentum zu leben?

»Radikal« bedeutet, an die Wurzeln gehen. Wenn wir das Evangelium also leben wollen, müssen wir uns an die Wurzeln erinnern lassen und notfalls unsere Substanz angreifen, sonst wäre eine Wandlung kaum möglich. Nur wer würde auf seinen ganzen Besitz verzichten?

Oder geht es überhaupt so einseitig um materiellen Besitz, um Hab und Gut, um Haus und Hof? Das Evangelium Jesu, seine Botschaft, die Zugehörigkeit zu seiner Jüngerschaft ereignen sich nämlich auf einer anderen Ebene, nämlich sagen zu können: Ich bin so frei. Geld und Gut können uns nichts anhaben. Nichts hält uns fest, nichts kann uns fesseln. Auf diesem Weg sollten wir bleiben. Letztlich ein lebenslanges Training.

Es macht tiefen Sinn, wenn das Evangelium nur den Armen verkündet wird, wie es in der Predigt Jesu heißt. Es geht um die spirituelle Armut, also um die Offenheit, die dann auch vor der materiellen Armut nicht zurückschreckt. In diesem Sinn kann auch ein Armer sehr reich, also verschlossen sein. Ein Reicher durchaus arm, aber offen für Jesu Wort. Wer besetzt, verschlossen ist, gibt der Frohen Botschaft keine Chance. Das ist der Schlüssel zu dem harten Wort Jesu: Darum kann keiner von euch mein Jünger sein, wenn er nicht ganz frei ist für das Evangelium!

Es geht um das Evangelium und nicht um die Ziele einer erfolgsorientierten Kirche. Die Haltung der Offenheit für das Evangelium aber hat Konsequenzen: Nämlich Schwäche zuzulassen, statt Stärke zu demonstrieren; anstelle der Rechthaberei die eigene Verletzlichkeit zu sehen; auf der Seite der Wahrheit zu stehen, statt ständig danach zu fragen, ob dies oder das machbar sei. Vor allem aber: Achtsamkeit zu üben gegenüber allem, was uns begegnet.

Gegen den Strom schwimmen

Alle Zöllner und Sünder kamen zu ihm, um ihn zu hören. Die Pharisäer und die Schriftgelehrten empörten sich darüber und sagten: Dieser nimmt Sünder auf und isst mit ihnen. Da erzählte er ihnen dieses Gleichnis und sagte: Wenn einer von euch hundert Schafe hat und eins davon verliert, lässt er dann nicht die neunundneunzig in der Wüste zurück und geht dem verlorenen nach, bis er es findet? Und wenn er es gefunden hat, nimmt er es voll Freude auf die Schultern, und wenn er nach Hause kommt, ruft er die Freunde und Nachbarn zusammen und sagt zu ihnen: Freut euch mit mir, denn ich habe mein Schaf wiedergefunden, das verloren war! Ich sage euch: Ebenso wird im Himmel mehr Freude herrschen über einen einzigen Sünder, der umkehrt, als über neunundneunzig Gerechte, die keine Umkehr nötig haben.

(Lk 15,1–7)

Auf den ersten Blick ist es so einfach: Der verlorene Sohn kommt wieder heim, die Frau findet ihre Münze wieder und der Hirte sein Schaf. Und danach wird ein Fest der Freude gefeiert. Jesus aber ist keinesfalls so naiv, wie es die Gleichnisse auf den ersten Blick vielleicht andeuten mögen. Es gibt kein Fest ohne Ende! Es bildet nur den Übergang zum Alltag, und der kann ganz schön schwer werden.

Ein glaubwürdiger Christ zu sein ist auch heutzutage nicht gerade leicht. Das gilt nicht nur für die Länder, in denen Christen massiv verfolgt werden – und das geschieht in über einem Drittel (!) unserer Welt. Als Christ schwimmt man sehr häufig gegen den Strom, dem sich viele in unserer Gesellschaft leidenschaftslos anvertrauen und sich nicht darüber wundern, dass es abwärts geht und das Wasser immer ungenießbarer und schmutziger wird.

Es werden immer Menschen gesucht, die bereit sind, den neuen Geist, den das Evangelium gebracht hat, zu leben. Das geschieht heute definitiv anders wie vor zwei oder drei Generationen, als man sich den Glauben schlicht vorschreiben ließ.

Heute muss jeder das Licht in die Hand nehmen und sich auf die Suche nach seinem Glauben machen, der wahrhaftig zu sein hat und der dem Evangelium wie dem Leben in unserer modernen Welt entspricht. Dumpfe Schuldgefühle helfen da nicht weiter, sondern allein die Freude am Christsein und an der großen von Gott geschenkten Freiheit.

Die Kirche ist dazu da, den Menschen auf diesen Weg der Freiheit zu bringen. Ihre Lehre und ihre Führung kann dabei nicht bedeuten – wie in der Vergangenheit üblich –, nur Sätze, die mal wichtig und richtig waren, heute aber völlig überholt sind, wiederzukäuen.

Unmoralische Vorbilder

Jesus sprach aber auch zu den Jüngern: Ein reicher Mann hatte einen Verwalter. Diesen beschuldigte man bei ihm, er verschleudere sein Vermögen. Darauf ließ er ihn rufen und sagte zu ihm: Was höre ich über dich? Leg Rechenschaft ab über deine Verwaltung! Denn du kannst nicht länger mein Verwalter sein. Da überlegte der Verwalter: Was soll ich jetzt tun, da mein Herr mir die Verwaltung entzieht? Zu schwerer Arbeit tauge ich nicht und zu betteln schäme ich mich. Ich weiß, was ich tun werde, damit mich die Leute in ihre Häuser aufnehmen, wenn ich als Verwalter abgesetzt bin. Und er ließ die Schuldner seines Herrn, einen nach dem anderen, zu sich kommen und fragte den ersten: Wie viel bist du meinem Herrn schuldig? Er antwortete: Hundert Fass Öl. Da sagte er zu ihm: Nimm deinen Schuldschein, setz dich schnell hin und schreib fünfzig! Dann fragte er einen andern: Wie viel bist du schuldig? Der antwortete: Hundert Sack Weizen. Da sagte er zu ihm: Nimm deinen Schuldschein und schreib achtzig! Und der Herr lobte den ungerechten Verwalter, weil er klug gehandelt hatte, und sagte: Die Kinder dieser Welt sind im Umgang mit ihresgleichen klüger als die Kinder des Lichtes. Ich sage euch: Macht euch Freunde mit dem ungerechten Mammon, damit ihr in die ewigen Wohnungen aufgenommen werdet, wenn es zu Ende geht!

(Lk 16,1–9)

Die Gleichnisse Jesu sind mitten aus unserem Leben genommen, auch das vom sog. »Ungerechten Verwalter«. Es provoziert in besonderer Weise: Kein »Barmherziger Samariter«, der sich um andere sorgt, wird hier vorgestellt, sondern einer, der nur an sich denkt! Da steckt viel kriminelle Energie drin, der man dann auch noch eine positive Seite abgewinnen soll? Die Anerkennung für ihn ist aber keine Rechtfertigung seiner Unmoral, Notlage hin oder her. Betrug bleibt Betrug, auch wenn unsere Welt voll davon ist.

Hellwach jedoch erkennt er seine Situation. Jetzt gilt es zu handeln, bevor ihm alle Felle davonschwimmen, bevor er fristlos entlassen wird und nicht mehr handeln kann. Darauf, nur darauf kommt es Jesus an: Die Situation erfassen und das Gebot der Stunde erkennen.

Der springende Punkt ist die Klugheit. Es gilt, entschlossen und klug das Nötige für das Reich Gottes zu tun. Mit der bisherigen, traditionellen Religionsausübung, mit einer nicht in Frage gestellten Gesetzesfrömmigkeit kann und wird es nicht weitergehen, sagt Jesus.

Jede Generation hat sich in Sachen Religion die Frage zu stellen, was ist in dieser Situation klug? Es geht nicht um die Klugheit eines Geschäftsmannes, sondern um die Frage: Was dient dem Menschen um des Himmelreiches willen? Eine Religion, eine Kirche, die dem Menschen nicht dient, ist unmenschlich und widerspricht dem Willen Gottes.

Jesus geht es eben nicht um Verbotsmoral, obwohl sie scheinbar kirchenspezifisch zu sein scheint. Er lebt die positive, bejahende, ja auch beglückende Moral, zum Beispiel die volle Hingabe des Schenkens – bis zum Verschenken des Lebens. Allein darin stecken doch die ganze Lust und Leidenschaft des Lebens.

»Was du nicht willst, dass man dir tu, das füg auch keinem anderen zu« lautet die goldene Regel. Das klingt etwas schlaff und will doch eine leidenschaftliche Ermutigung sein: »Liebe – und dann brauchst du nicht lange zu fragen, was zu tun oder zu lassen ist!« Mit solch einer Liebe kommt eine gesunde Erotik ins Spiel; eine Leidenschaft für das Gute.

Barmherzige Reiche

Weh den Sorglosen auf dem Zion und den Selbstsicheren auf dem Berg von Samaria ... Ihr liegt auf Betten aus Elfenbein und faulenzt auf euren Polstern. Zum Essen holt ihr euch Lämmer aus der Herde und Mastkälber aus dem Stall. Ihr grölt zum Klang der Harfe, ihr wollt Musikinstrumente erfinden wie David. Ihr trinkt den Wein aus Opferschalen, ihr salbt euch mit feinsten Ölen, aber über den Untergang Josefs sorgt ihr euch nicht. Darum müssen sie jetzt in die Verbannung, allen Verbannten voran. Das Fest der Faulenzer ist vorbei.

(Am 6,1a.4–7)

Es war einmal ein reicher Mann, der sich in Purpur und feines Leinen kleidete und Tag für Tag glanzvolle Feste feierte. Vor der Tür des Reichen aber lag ein armer Mann namens Lazarus, dessen Leib voller Geschwüre war. Der Arme starb und wurde von den Engeln in Abrahams Schoß getragen. Auch der Reiche starb und wurde begraben. In der Unterwelt, wo er qualvolle Schmerzen litt, blickte er auf und sah von Weitem Abraham und Lazarus in seinem Schoß. Da rief er: Vater Abraham, hab Erbarmen mit mir und schick Lazarus; er soll die Spitze seines Fingers ins Wasser tauchen und mir die Zunge kühlen, denn ich leide große Qual in diesem Feuer. Abraham erwiderte: Mein Kind, erinnere dich daran, dass du schon zu Lebzeiten deine Wohltaten erhalten hast, Lazarus dagegen nur Schlechtes. Jetzt wird er hier getröstet, du aber leidest große Qual.

(Lk 16,19–20.22–25)

Man muss sich schon die ganze Dramatik und Wucht, mit denen sowohl der Prophet Amos wie auch das Gleichnis Jesu von Nazareth hier Gesellschafts- und Religionskritik betreiben, zu Herzen gehen lassen. Da wird der Finger gnadenlos in die Wunde gelegt: Hier der Reiche, der nur sich im Blick hat, und dort der Arme, der elendig vor sich hin krepiert. Wehe, wenn da mal die Rechnung serviert wird!

Die Erzählung vom reichen Mann und vom armen Lazarus liest sich ja so schön und ist so unheimlich anschaulich, aber eben nur so lange, als sie als Geschichte ganz weit weg von uns ist und schon gar nichts mehr mit uns zu tun hat.

Aber was, wenn man sie an sich rankommen lässt? Dann wird's auf einmal bedrohlich. Denn gemessen an der absoluten Mehrzahl der Menschen dieser Erde gehören wir definitiv zu den Reichen und Wohlhabenden, zu denen, deren Wohlstand auch auf dem Rücken der Ärmsten der Armen begründet ist. Was haben wir jetzt zu erwarten?

Das Evangelium verurteilt nicht den Reichtum, sondern appelliert an die Verantwortung des Reichen: Wenn wir also schon zu den Reichen gehören, somit zu denen, die auf der Sonnenseite des Lebens geboren wurden, denen Dinge ermöglicht wurden, von denen fast alle nur zu träumen vermögen, dann bleiben wir wenigstens barmherzig, aus fester Überzeugung heraus. Weil wir das so wollen und nicht bloß aus Angst vor der großen Schlussrechnung!

So viele tun es mit großem Erfolg: Sie lassen sich anrühren von der Not der anderen und betrachten das, was uns geschenkt wurde, lediglich als geliehen, um es für alle einzusetzen, um anderen beizustehen, damit es am Ende allen zugutekommen kann. Das ist die große Einladung: Als barmherzige Reiche leben können, als Menschen, die Mitmenschlichkeit leben, aus vollstem Herzen und wirklichem, innerstem Bedürfnis.

Der Gott der kleinen Dinge

Die Apostel baten den Herrn: Stärke unseren Glauben! Der Herr erwiderte: Wenn ihr Glauben hättet wie ein Senfkorn, würdet ihr zu diesem Maulbeerbaum sagen: Entwurzle dich und verpflanz dich ins Meer! und er würde euch gehorchen. Wenn einer von euch einen Knecht hat, der pflügt oder das Vieh hütet, wird er etwa zu ihm, wenn er vom Feld kommt, sagen: Komm gleich her und begib dich zu Tisch? Wird er nicht vielmehr zu ihm sagen: Mach mir etwas zu essen, gürte dich und bediene mich, bis ich gegessen und getrunken habe; danach kannst auch du essen und trinken. Bedankt er sich etwa bei dem Knecht, weil er getan hat, was ihm befohlen wurde? So soll es auch bei euch sein: Wenn ihr alles getan habt, was euch befohlen wurde, sollt ihr sagen: Wir sind unnütze Knechte; wir haben nur unsere Schuldigkeit getan.

(Lk 17,5–10)

Natürlich wird unser Glaube niemals einen Hügel oder gar einen Berg wegheben. Darum geht es auch nicht. Es geht vielmehr um die kleinen Dinge in unserem Leben, die Gott groß machen wird. »Heute kleine Dinge in großer Liebe tun – oder lass die Türe besser zu!« sollte unser Motto lauten. Wichtig ist nicht, wie viel man tut, sondern wie viel Achtsamkeit und Liebe man dafür einsetzt.

Wer darum Organisationen und Institutionen mehr liebt als die Menschen, hat vom Evangelium wenig begriffen. Jesus von Nazareth auf jeden Fall hat die kleinen Dinge, die so leicht übersehen werden, geliebt und hervorgehoben: das Samenkorn und die Lilien auf dem Feld, die Spatzen und die Pfennige der Witwe.

Gerade das Samenkorn ist das großartige Symbol für uns als Kirche: Alles, was wächst, reift, Frucht bringt, kommt von unten und regnet nicht von oben herab. Jesus hat deswegen nicht gesagt, wo ihr euch in Massen versammelt, wo ihr gewaltige Events feiert, sondern: »Wo zwei oder drei in meinem Namen beisammen sind, da bin ich mitten unter ihnen.« Weniger als zwei oder drei geht nicht. Sonst entsteht Einsamkeit, lebensfeindlicher Frust, droht der soziale Tod.

Auch zu Jesu Zeit waren, wie in der unseren heute, die religiösen Mega-Aufläufe beliebt. Die Menschen pilgerten in Massen zum Tempel nach Jerusalem, weil in ihnen der Glaube gefördert wurde, sie könnten dort vor allem durch Opfer und Geldspenden Gott begegnen. Er aber wirft die Tische der Händler und Geldwechsler um, kritisiert gnadenlos dieses Handeln mit Gott, als könnte man »deals« mit ihm einfädeln.

Natürlich hat man es gerne, wenn am Sonntag viele Menschen zum Gottesdienst versammelt sind, aber Gemeinschaft entsteht schon im Kleinen. Wir brauchen darum keine Angst vor der kleinen Zahl zu haben. Wenn das Wort Jesu stimmt, finden in unserer Umgebung, meist auch noch ohne unser Wissen und Zutun, mehr Jesus- und Gottesbegegnungen statt, als wir ahnen. Dafür kann man immer danken!

Bloß undankbar?

Und es geschah auf dem Weg nach Jerusalem: Jesus zog durch das Grenzgebiet von Samarien und Galiläa. Als er in ein Dorf hineingehen wollte, kamen ihm zehn Aussätzige entgegen. Sie blieben in der Ferne stehen und riefen: Jesus, Meister, hab Erbarmen mit uns! Als er sie sah, sagte er zu ihnen: Geht, zeigt euch den Priestern! Und es geschah, während sie hingingen, wurden sie rein. Einer von ihnen aber kehrte um, als er sah, dass er geheilt war; und er lobte Gott mit lauter Stimme. Er warf sich vor den Füßen Jesu auf das Angesicht und dankte ihm. Dieser Mann war ein Samariter. Da sagte Jesus: Sind nicht zehn rein geworden? Wo sind die neun? Ist denn keiner umgekehrt, um Gott zu ehren, außer diesem Fremden? Und er sagte zu ihm: Steh auf und geh! Dein Glaube hat dich gerettet.

(Lk 17,11–19)

Die anderen neun Männer, die wie der »dankbare Samariter« von Jesus geheilt wurden, folgen lediglich dem Gesetz, nichts anderes. »Geht, zeigt euch den Priestern«, hat Jesus zu ihnen gesagt. So haben sie es gemacht, denn die Heilung musste ja von einem Priester bestätigt werden, erst dann gehören sie wieder dazu zur »ehrenwerten Gesellschaft«.

Aber es bleibt zu fragen, was ein Gebot, ein Gesetz kann bzw. darf. Ist es menschlich, hilfreich und gerecht, oder auch behindernd und ungerecht? Es geht immer auch um die Situation, die äußeren Umstände, die ein Handeln beeinflussen. Im Mittelpunkt muss immer das verantwortliche Bemühen stehen, sachgerecht und menschengerecht zu handeln.

Dafür steht im Evangelium das Beispiel des dankbaren Samariters: Für ihn ist zunächst der Dank an Gott, die Dankbarkeit gegenüber seinem Heiler das Wichtigste. Deswegen übergeht er die Institution, er übergeht die Priesterschaft und nimmt in aller Freiheit den sozialen Kontakt zu seinen Mitmenschen auf, der ihm bislang wegen der unrein machenden Erkrankung verwehrt war. Auch so zeigt sich seine Dankbarkeit.

Für dieses Verhalten wird der Samariter von Jesus gelobt und nicht nur dafür. Er war ja nicht nur wegen des Aussatzes ausgeschlossen, sondern auch wegen seines anderen Glaubens als verachteter Außenseiter, weil er aus Samarien stammte und deren Glauben von Geburt an anerzogen bekam. Gerade diesen »anderen Glauben« anerkennt Jesus als wieder einmal »wahren und ebenbürtigen Glauben« und wendet sich ganz bewusst dem Außenseiter zu.

Es ist erstaunlich, welche Folgerungen sich aus einer solchen Begebenheit ableiten lassen, zusammengefasst vielleicht in diesem Satz: Jeder Glaube, der sich dankbar an Jesus Christus ausrichtet, bringt Rettung, Heilung, Heil. Mehr braucht es offenbar nicht.

Ohnmächtige Mächtige

Jesus sagte ihnen durch ein Gleichnis, dass sie allezeit beten und darin nicht nachlassen sollten: In einer Stadt lebte ein Richter, der Gott nicht fürchtete und auf keinen Menschen Rücksicht nahm. In der gleichen Stadt lebte auch eine Witwe, die immer wieder zu ihm kam und sagte: Verschaff mir Recht gegen meinen Widersacher! Und er wollte lange Zeit nicht. Dann aber sagte er sich: Ich fürchte zwar Gott nicht und nehme auch auf keinen Menschen Rücksicht; weil mich diese Witwe aber nicht in Ruhe lässt, will ich ihr Recht verschaffen. Sonst kommt sie am Ende noch und schlägt mich ins Gesicht. Der Herr aber sprach: Hört, was der ungerechte Richter sagt! Sollte Gott seinen Auserwählten, die Tag und Nacht zu ihm schreien, nicht zu ihrem Recht verhelfen, sondern bei ihnen zögern? Ich sage euch: Er wird ihnen unverzüglich ihr Recht verschaffen. Wird jedoch der Menschensohn, wenn er kommt, den Glauben auf der Erde finden?

(Lk 18,1–8)

Was für eine Ironie! Gerade der so unglaublich mächtige Richter steht am Ende als Verlierer da. Die arme Witwe, Symbol des benachteiligten Menschen, geht als Siegerin hervor. Hier wird das Magnifikat zur Wirklichkeit: »Den Mächtigen stürzt er vom Thron und erhöht den Niedrigen!« Wenn eine christliche Religion einen Auftrag hat, dann, diese Prophezeiung konsequent umzusetzen.

Muss man also fest beten, um Gott weichzukriegen? Das wird so nicht gelingen. Er ist der Allmächtige, nicht wir! Aber das Gebet ist eine Beziehungssache, manchmal sogar ein Beziehungsdrama, und immer steckt der Glaube an ein Du dahinter, das zuhört. Allein, wenn man nur frei über die Angst und Not sprechen kann, ist das schon wie eine erste Erlösung. Ohne sich zu verstecken. Ohne einen fatalen Optimismus vorspielen zu müssen. »Vielleicht ist ja irgendwo Tag«, hat ein Beter es einmal ausgedrückt, wenn man im Gebet mitten ins Dunkel hineinspricht.

Auf ihre Weise hat die Witwe den harten Richter weichgeklopft. »Selig sind, die das Harte in sich weich gemacht haben«, lautet eine Übersetzung eines Bergpredigtwortes Jesu. Erst müssen also die Verhärtungen in uns durch das Gebet, durch Vertrauen und Glauben weich gemacht werden. Das Harte versperrt nämlich der Heilung wie dem Heil den Zugang.

Nichts trennt uns also mehr von Gott als eine selbstsichere Frömmigkeit. Das aufrichtige Gebet bewahrt uns davor. Durch Selbsterkenntnis und Selbstfindung dürfen wir uns als Sünder bei Gott gut aufgehoben wissen. So macht Beten demütig und gerade deswegen gesund. Die Witwe hat nichts zu verlieren, aber sie weiß, sie ist auch wer, darum kann sie den Richter bedrängen ohne Ende.

Das muss auch eine Kirche heute immer neu verstehen lernen.

Das Kreuz mit der Moral

Er sagte aber zu einigen, die überzeugt waren, fromm und gerecht zu sein, und verachteten die andern, dies Gleichnis: Es gingen zwei Menschen hinauf in den Tempel, um zu beten, der eine ein Pharisäer, der andere ein Zöllner. Der Pharisäer stand und betete bei sich selbst so: Ich danke dir, Gott, dass ich nicht bin wie die anderen Leute, Räuber, Ungerechte, Ehebrecher, oder auch wie dieser Zöllner. Ich faste zweimal in der Woche und gebe den Zehnten von allem, was ich einnehme. Der Zöllner aber stand ferne, wollte auch die Augen nicht aufheben zum Himmel, sondern schlug an seine Brust und sprach: Gott, sei mir Sünder gnädig! Ich sage euch: Dieser ging gerechtfertigt hinab in sein Haus, nicht jener. Denn wer sich selbst erhöht, der wird erniedrigt werden; und wer sich selbst erniedrigt, der wird erhöht werden.

(Lk 18,9–14)

Der Sünder geht am Ende aus dem Tempel gerechtfertigt nach Hause, der Gerechte nicht. So einfach sollte es halt funktionieren mit der Moral, ist es aber nicht. Es gibt keine simplen, stabilen Moralgesetze mehr wie vielleicht früher in einer wesentlich einfacheren Welt. Heute treffen wir auf ganz neue ethische Herausforderungen. Denken wir nur an die Pränataldiagnostik. Die Eltern, der Arzt, andere Beteiligte, alle sind da in einer nie da gewesenen Weise herausgefordert, wenn es gilt, notwendige und finale Entscheidungen zu treffen.

Moral bedeutet aber nicht, nur eindeutige Linien für das menschliche Verhalten festzunageln. Das macht das Strafgesetzbuch. Der christlichen Moral geht es um die Erziehung zur Verantwortung vor dem eigenen Gewissen. Das ist weit wichtiger und viel schwerer, als Vorschriften zu diktieren.

Schnelle, todsichere Lösungen sind zudem gefährlich. Unser Leben ist so vielgestaltig, dass es durchaus sein kann, dass die gleiche Entscheidung für den einen richtig, für den anderen aber falsch ist. Mögliche Problemlösungen anderer Menschen können und dürfen nicht unbesehen übernommen werden. Eine Lösung aber gibt es nur im Miteinander und sie muss am Ende die ganz persönliche Entscheidung des Betroffenen sein.

Christen sollen sich daher gegenseitig fit machen für ihre eigenverantwortlichen Entscheidungen, anstatt sich durch Gebote und Verbote zu gängeln. Denn moralisch kann nur sein, was das Verhalten des Einzelnen menschlich gestaltet. Nur so tritt der Mensch auf die Seite Gottes, der das Glück aller Menschen will, oder – wie es Jesus ausgedrückt hat: Leben in Fülle.

Dieser ursprüngliche Wille Gottes – Glück, Friede und Heil – ist zugleich auch der Maßstab, ob unsere Entscheidungen gut oder schlecht, falsch oder richtig sind. Doch selbst dann können wir uns noch täuschen.

»Jetzt helfe ich mir selbst«

Allerheiligen

Seht, welche Liebe uns der Vater geschenkt hat: Wir heißen Kinder Gottes und wir sind es. Deshalb erkennt die Welt uns nicht, weil sie ihn nicht erkannt hat. Geliebte, jetzt sind wir Kinder Gottes. Doch ist noch nicht offenbar geworden, was wir sein werden. Wir wissen, dass wir ihm ähnlich sein werden, wenn er offenbar wird; denn wir werden ihn sehen, wie er ist. Jeder, der diese Hoffnung auf ihn setzt, heiligt sich, so wie er heilig ist.

(1 Joh 3,1–3)

»Jetzt helfe ich mir selbst!« So hieß eine Bücherreihe für Bastler, die ihren Pkw selbst reparieren wollten. Ein tüchtiger, fröhlicher Heimwerker mit Schraubenschlüssel in der Hand schaut unter seinem Auto liegend lachend nach oben und freut sich riesig, weil er die Reparatur ganz allein ohne fremde Hilfe und noch dazu viel billiger bewältigt hat.

Selbst ist der Mann (und natürlich auch die Frau), kann man sich fast denken, wenn man den Satz über die Heiligen hört: »Jeder, der diese Hoffnung auf ihn setzt, heiligt sich.« Das klingt wie eine astreine Anleitung zum Heilig-werden. Man muss es nur von Christus erhoffen! So einfach geht das?

Irgendwie ist es wie in dem Heimwerkerbuch: Man muss sich nur trauen, selber Hand anzulegen, etwas auszuprobieren, in eine Rolle schlüpfen, die einem vielleicht neu ist, keine Angst vor möglichen Schwierigkeiten oder Verunreinigungen haben und v. a. soll man begeistert sein, dass man nun dazugehört zu diesem Kreis der »klugen Handwerker«. Heilig wird man also ganz einfach dadurch, dass man dazugehört: Gott ist der Heilige, und wer zu ihm gehört, erhält ganz einfach einen Anteil an ihm.

Heiligkeit erwirbt man sich nicht, man ist schon immer irgendwie dabei. »Ihr Heiligen, Ihr Auserwählten Gottes«, spricht ein Apostel Paulus seine Gemeindemitglieder direkt an. Es ist im Grunde genommen ganz einfach. Der Unterschied zum Buchtitel »Jetzt helfe ich mir selbst« ist nur der: Zum Kind Gottes kann ich mich nicht machen. Kind Gottes ist man, weil man zum Vater gehört. Niemand macht sich selbst zum Kind.

»Weil wir da gerne Hoch-würden«!

Und er ging nach Jericho hinein und zog hindurch. Und siehe, da war ein Mann mit Namen Zachäus, der war ein Oberer der Zöllner und war reich. Und er begehrte, Jesus zu sehen, wer er wäre, und konnte es nicht wegen der Menge; denn er war klein von Gestalt. Und er lief voraus und stieg auf einen Maulbeerbaum, um ihn zu sehen; denn dort sollte er durchkommen. Und als Jesus an die Stelle kam, sah er auf und sprach zu ihm: Zachäus, steig eilend herunter; denn ich muss heute in deinem Haus einkehren. Und er stieg eilend herunter und nahm ihn auf mit Freuden. Als sie das sahen, murrten sie alle und sprachen: Bei einem Sünder ist er eingekehrt. Zachäus aber trat vor den Herrn und sprach: Siehe, Herr, die Hälfte von meinem Besitz gebe ich den Armen, und wenn ich jemanden betrogen habe, so gebe ich es vierfach zurück. Jesus aber sprach zu ihm: Heute ist diesem Hause Heil widerfahren, denn auch er ist Abrahams Sohn. Denn der Menschensohn ist gekommen, zu suchen und selig zu machen, was verloren ist.

(Lk 19,1–10)

Ist das nicht eine wirklich originelle Überschrift? Sie betitelte vor einigen Jahren in einem Klettermagazin einen Artikel über ein paar junge Leute, die leidenschaftlich »buildern«, also klettern, und »bouldern« und einfach so einmal die Ziegelwände unserer Kirche erklommen. Die zweideutige Überschrift erinnert an den Titel »Hochwürden«, der nicht gerade für Unterwürfigkeit im gesellschaftlichen und kirchlichen System steht.

Wie die Kletterer erobert auch der Zöllner Zachäus einen erhöhten Standpunkt, würde gerne »hoch« hinaus, gewinnt so einen neuen Überblick, erlangt neue Perspektiven an einem ungewöhnlichen Ort. Niemand rechnet damit. Vielleicht aber war es bei Zachäus das erste Mal, dass er nicht einfach über andere hinausstrebte oder nach einem Ansehen, das letztlich andere nur verachtet. Also Hochwürden mal ganz anders! Vielleicht war es auch das erste Mal in seinem Leben, dass er sich nicht verstieg und selbstverliebt auf seinem Ast sitzen blieb. Sofort kann er, als er von Jesus beim Namen angesprochen und gerufen wird, seinen Standort aufgeben, heruntersteigen und auf den Boden herabkommen.

Obwohl unten angekommen, wo er früher nie sein wollte, steht da am Ende all seines Bemühens eine neue, tiefere Einsicht in das, was er für andere zu tun hat: Herr, die Hälfte meines Vermögens will ich den Armen geben, und wenn ich von jemand zu viel gefordert habe, gebe ich ihm das Vierfache zurück. Alles gibt er jetzt her. Nach dieser Aktion bleibt ihm nichts mehr!

Offenbar gibt es auch eine Art von Selbsterhöhung im Sinne eines Jesus von Nazareth, die nicht zur Erniedrigung führt – und eben nicht nur die Mahnung, wer sich selbst erhöht, wird erniedrigt werden. Im Gegenteil, hier ist eine Erhöhung gemeint, die für den Menschen ganz nützlich ist, eine Art von Nach-Oben-Streben, die hilft, tiefer verstehen zu können und, zu einer tieferen Einsicht führt. Zachäus macht's vor. Es ist eine Art von Selbsterhöhung, die nicht in Zwänge hineinführt, sondern vielmehr von Zwängen befreit, Menschen heil macht und zum Heil, zu einem umfassenden Heil, zum Schalom führt. Bei Jesus klingt das dann so: »Heute ist diesem Haus Heil geschenkt worden.«

Ewiges Leben – ja oder nein?

Da traten die Sadduzäer zu ihm, die lehren, es gebe keine Auferstehung; die fragten ihn und sprachen: Meister, Mose hat uns vorgeschrieben: »Wenn jemand stirbt und hinterlässt eine Frau, aber keine Kinder, so soll sein Bruder sie zur Frau nehmen und seinem Bruder Nachkommen erwecken.« Nun waren sieben Brüder. Der erste nahm eine Frau; der starb und hinterließ keine Kinder. Und der zweite nahm sie und starb und hinterließ auch keine Kinder. Und der dritte ebenso. Und alle sieben hinterließen keine Kinder. Zuletzt nach allen starb die Frau auch. Nun in der Auferstehung, wenn sie auferstehen: wessen Frau wird sie sein unter ihnen? Denn alle sieben haben sie zur Frau gehabt. Da sprach Jesus zu ihnen: Ist's nicht so? Ihr irrt, weil ihr weder die Schrift kennt noch die Kraft Gottes. Wenn sie von den Toten auferstehen werden, so werden sie weder heiraten noch sich heiraten lassen, sondern sie sind wie die Engel im Himmel. Aber von den Toten, dass sie auferstehen, habt ihr nicht gelesen im Buch des Mose, bei dem Dornbusch, wie Gott zu ihm sagte und sprach: »Ich bin der Gott Abrahams und der Gott Isaaks und der Gott Jakobs«? Gott ist nicht ein Gott der Toten, sondern der Lebenden. Ihr irrt sehr.

(Mk 12,18–27)

Die Frage der Sadduzäer an Jesus nach dem ewigen Leben ist hinterlistig und die Geschichte von den sieben Brüdern, die nach und nach die gleiche Frau heiraten, skurril. Wer gehört zu wem in der neuen Welt? Als wenn das noch wichtig wäre!

Die Antwort Jesu gilt allen Menschen: Wir sterben in Gott hinein. Wer auf Gott vertraut, der vertraut auch darauf, dass mit dem Tod nicht alles aus und vorbei ist.

Doch Vertrauen heißt nicht Sicherheit. Wer seiner Sache sicher ist, braucht weder Vertrauen noch Hoffnung. Sicherheiten für das, was kommen mag, gibt es nicht. Was uns weiterhilft, gerade im Angesicht von Sterben und Tod, ist die Liebe. Sie spricht eine ganz andere Sprache; sie redet nicht von Sicherheit, sondern von Nähe, Wärme und liebendem Geborgensein. Mit ihrem Empfinden und in ihren Worten greift sie über dieses Leben hinaus.

Franz Kafka hat gesagt: »Der Mensch kann nicht leben ohne ein dauerndes Vertrauen zu etwas Unzerstörbarem in sich.« Vielleicht hat auch er bei dem Unzerstörbaren an die Liebe gedacht. Wenn Gott aber die Liebe ist, dann ist sie das Unzerstörbare, das nicht sterben kann, sondern Leben für immer hat.

Glaubensversicherung?

Aber zu jener Zeit, nach dieser Bedrängnis, wird die Sonne sich verfinstern und der Mond seinen Schein verlieren und die Sterne werden vom Himmel fallen, und die Kräfte der Himmel werden ins Wanken kommen. Und dann werden sie sehen den Menschensohn kommen in den Wolken mit großer Kraft und Herrlichkeit. Und dann wird er die Engel senden und wird seine Auserwählten versammeln von den vier Winden, vom Ende der Erde bis zum Ende des Himmels. An dem Feigenbaum aber lernt ein Gleichnis: Wenn jetzt seine Zweige saftig werden und Blätter treiben, so wisst ihr, dass der Sommer nahe ist. Ebenso auch: wenn ihr seht, dass dies geschieht, so wisst, dass er nahe vor der Tür ist. Wahrlich, ich sage euch: Dieses Geschlecht wird nicht vergehen, bis dies alles geschieht. Himmel und Erde werden vergehen; meine Worte aber werden nicht vergehen. Von dem Tage aber und der Stunde weiß niemand, auch die Engel im Himmel nicht, auch der Sohn nicht, sondern allein der Vater.

(Mk 13,24–32)

Jesus lässt sich durch den Prachtbau von Tempel nicht beeindrucken: Ein gewaltiges Gebäude ist die eine Sache, ein lebendiger, tatkräftiger Glaube eine andere. Schon der Gedanke, Gott wohne nur in Kirchen und Kathedralen, ist bereits viel zu irdisch verhaftet. Wer auf Steine, auf Pracht und Herrlichkeit setzt, hat schon verloren, sagt Jesus. Für unseren Glauben gibt es eben nicht die üblichen Sicherheiten, auf die wir uns gerne verlassen möchten.

Welche Sicherheit gibt es überhaupt? Eine Krankenversicherung hält nicht gesund, die Unfallversicherung schließt den Crash nicht aus, die Brandversicherung bewahrt nicht vor Brandstiftung und die Lebensversicherung nicht vor Sterben und Tod. Höchst unsicher sind sie, unsere angeblichen Sicherheiten.

Und unser Glaube? Er hängt total an einem seidenen Faden, der oben und unten einen festen Halt braucht. Wie bei einer Spinne gilt es für uns, ihn nun zu verstärken und haltbar zu machen, so dass er Stürmen und Anfeindungen widerstehen kann: Die Kraft von oben und eine Basis, auf der er gründen kann. Deswegen ist die stützende Gemeinde so wichtig. Der Glaube braucht im doppelten Sinn des Wortes Unter-Haltung.

Diese bildet am besten eine stützende Gemeinschaft, Menschen, die tragen und mittragen. Menschen, die wie gute Eltern für ihre Kinder da sind und ihnen sagen: Es ist gut so. Dann rückt das so wichtige Vertrauen an die Seite des Glaubens. Das meiste, was wir »wissen«, haben wir von Menschen übernommen, die für uns glaubwürdig waren und sind.

Das gilt noch mehr für den Glauben. Sonst bleibt von dem bloß im Religionsunterricht Angelernten nichts. Es wird schon beim ersten Sturm kein Stein auf dem anderen bleiben.

Mit dem Üblichen brechen

Christkönig

Da ging Pilatus wieder hinein ins Prätorium und rief Jesus und fragte ihn: Bist du der König der Juden? Jesus antwortete: Sagst du das von dir aus oder haben dir's andere über mich gesagt? Pilatus antwortete: Bin ich ein Jude? Dein Volk und die Hohenpriester haben dich mir überantwortet. Was hast du getan? Jesus antwortete: Mein Reich ist nicht von dieser Welt. Wäre mein Reich von dieser Welt, meine Diener würden darum kämpfen, dass ich den Juden nicht überantwortet würde; nun aber ist mein Reich nicht von dieser Welt. Da fragte ihn Pilatus: So bist du dennoch ein König? Jesus antwortete: Du sagst es, ich bin ein König. Ich bin dazu geboren und in die Welt gekommen, dass ich die Wahrheit bezeugen soll. Wer aus der Wahrheit ist, der hört meine Stimme.

(Joh 18,33b–37)

Wir werden Gott niemals in absoluten Glaubenssätzen begegnen. Im Gegenteil: Wer sich auf Jesus Christus einlässt, der muss mit den üblichen religiösen Vorstellungen brechen, selbst wenn die sich über Jahrtausende in den Herzen festgefressen haben. So bejubeln wir immer am letzten Sonntag eines Kirchenjahres unseren König, der schmählich am Kreuz hängt!

Seine Botschaft ist zeitlos:

Ihr könnt nicht über Gott verfügen und etwa eure schrecklichen oder leichtsinnigen Taten mit dem Willen Gottes begründen.

Es muss in eurem Bemühen um Achtsamkeit gehen, um lautere und ehrliche Absichten, also um die Reinheit des Herzens, statt irgendeinen Kult, einen Ritus, gar ein Lebensopfer heiligzusprechen.

Ebenso wenig sind Vergeltung und Rache in eure Hand gegeben. Sucht nach der größeren Gerechtigkeit, die allein die Feindschaft überwinden und den Frieden begründen kann.

Wie hat er es uns doch eingeschärft und dann mit seinem Leben bestätigt: Unter euch soll es nicht so sein wie bei den Machthabern dieser Welt!

Das also sind die Alternativen. Geht es darum auch anders als üblich, als gewohnt? Geht es vielleicht noch etwas menschlicher? Geht es noch gerechter? Aber auch: Geht es noch einfacher?

Um die angebliche Gottesherrschaft zu sichern, müssen islamistische Gotteskrieger heute noch den Kampf gegen die »Ungläubigen« bis zu deren Vernichtung führen. Jesus aber sagt uns: Das Reich Gottes ist schon dort angebrochen, wo einer den Kampf gegen sich selbst aufgenommen hat; Gottes Herrschaft ist schon dort sichtbar, wo einer im Nächsten, selbst noch im Ungläubigen das Gesicht Gottes erkennen kann.

Dank

»Kennen Sie eigentlich den Pfarrer Roland Breitenbach?«, fragte mich ein Gast nach einem Gottesdienst in meiner St. Maximilianskirche. »Natürlich«, antwortete ich ihm, »sehr gut sogar!« – »Ja, das merkt man«, erwiderte der Herr, »ich hörte ihn ganz deutlich aus Ihren Worten heraus!«

Das war für mich sehr bemerkenswert. Über viele Jahre hinweg hat mich die theologische, besonders aber die grundlegende pastorale Einstellung meines Freundes, Pfarrer Roland Breitenbach aus Schweinfurt, St. Michael, begleitet und zutiefst geprägt. Er war es, der mich mit seinen unendlich vielen Schriften, Texten, Predigten, Emails, Versen und Büchern, aber vor allem mit seiner Freundschaft zu mir und seiner ständigen Rufbereitschaft begleitet hat. Er war immer erreichbar, hat mich wieder und wieder auf den Boden einer guten Seelsorge geführt, mich aufgerichtet, wenn mich die Widerstände in der Kirche und die Verirrungen im kirchlichen Apparat völlig durcheinanderwarfen. Und er hat mir gezeigt, wozu wir als Verkündiger des Evangeliums unterwegs sind: für die Menschen.

Die Bemerkung des Kirchengastes hat mich positiv spüren lassen, wie sehr ich Roland Breitenbachs pastorale Grundeinstellung angenommen habe und nun selbst so umsetze, wie er es zeitlebens getan hat. Es ist also bewusst beabsichtigt, wenn sein Freundeskreis ihn nun auch in diesen Texten meines Buches heraushören und wiedererkennen kann.

Bei meinem letzten Besuch bei ihm hat er mir – stark geschwächt von seinem tragischen Unfall 2014 – ganz eindringlich zugerufen: »Rainer, jetzt bist Du dran!« Mit diesem Buch darf ich Vollzug melden. Sein Werk, seine ungebrochene Liebe zur Schöpfung und den Menschen, seine Leidenschaft für das Evangelium und die Gerechtigkeit und sein Kampf um eine ehrliche und achtsame Kirche hört nicht auf.

Am 15. Juli 2020 ist Pfarrer Breitenbach gestorben, ich habe einen unschätzbaren Freund verloren. Seinen Weg aber darf ich unbeirrt weitergehen.

Voller Dankbarkeit und Stolz darf ich dieses Buch darum ihm widmen.

Vergelt's Gott, lieber Roland, für alles!
Behüt' Dich Gott!

Bibelstellenverzeichnis

Die im Buch zitierten Bibelstellen sind aus der Einheitsübersetzung übernommen: Einheitsübersetzung der Heiligen Schrift, vollständig durchgesehene und überarbeitete Ausgabe © 2016 Katholische Bibelanstalt GmbH, Stuttgart. Alle Rechte vorbehalten.

Gen 12,1–4a	Mt 24,42–44	Lk 15,22–28	Joh 20,6–9
Gen 18,20–26	Mk 10,46–52	Lk 16,1–9	Joh 20,26–29
Num 6,22–27	Mk 12,18–27	Lk 16,19–20.	Apg 1,7–11
Jes 50,4–7	Mk 13,24–32	22–25	Apg 5,12–16
Jes 55,1–3	Lk 2,1–7	Lk 17,5–10	Apg 5,27b–32.
Mt 2,9–12	Lk 2,25–33	Lk 17,11–19	40b41
Mt 3,13–17	Lk 2,46–49	Lk 18,1–8	Apg 6,1–4
Mt 4,1–4	Lk 3,15–16	Lk 18,9–14	Röm 1,1–7
Mt 4,12–17	Lk 4,16–21	Lk 19,1–10	1 Kor 1,1–3
Mt 4,17–21	Lk 4,21–30	Lk 19,35–38	1 Kor 5,6–8
Mt 5,13–16	Lk 5,4–11	Lk 24,13–16.25–27	1 Kor 11,23–26
Mt 5,33–37	Lk 6,20–26	Joh 3,16–18	1 Kor 12,4–11
Mt 5,42–45.48	Lk 6,27–31	Joh 4,7–10.13–15	1 Kor 15,54–58
Mt 9,36–38.10,5–8	Lk 9,29–36	Joh 8,3–11	2 Kor 3,17–18
Mt 10,26–33	Lk 10,30–37	Joh 10,1–10	2 Kor 5,17–21
Mt 10,37–42	Lk 10,38–42	Joh 10,25.27–30	Gal 3,26–29
Mt 11,2–6	Lk 12,16–21	Joh 12,23–26	Gal 5,1.13–18
Mt 11,25–30	Lk 12,32–43	Joh 13,31–33a.	Gal 6,14–18
Mt 13,1–9	Lk 12,49–53	34–35	Eph 2,4–10
Mt 13,24–30	Lk 13,6–9	Joh 16,13–15	Eph 3,2–3a.5–6
Mt 13,44–48	Lk 13,22–30	Joh 17,1–11a	2 Tim 1,6–11
Mt 14,22–33	Lk 14,12–14	Joh 17,20–24	1 Joh 3,1–3
Mt 15,21–28	Lk 14,25–33	Joh 18,33b–37	1 Petr 3,15–18
Mt 16,13–20	Lk 15,1–7	Joh 19,16–18.28–30	Am 6,1a.4–7